O CORAÇÃO DA MUDANÇA

Autor do clássico *Liderando mudanças*

O CORAÇÃO DA MUDANÇA

JOHN P. KOTTER
com DAN COHEN

Transformando empresas com a força das emoções

EDIÇÃO REVISTA E ATUALIZADA

Tradução
Afonso Celso da Cunha Serra

ALTA BOOKS
E D I T O R A
Rio de Janeiro, 2017

2ª tiragem

O Coração da Mudança — Transformando Empresas Com a Força das Emoções

Copyright © 2017 da Starlin Alta Editora e Consultoria Eireli. ISBN: 978-85-508-0089-9

Translated from original The heart of change by John P. Kotter e Deloitte Consulting LLC. Copyright © 2002 by John P. Kotter e Deloitte Consulting LLC. ISBN 978-1-4221-8733-3. This translation is published and sold by permission of Harvard Business School Publishing, the owner of all rights to publish and sell the same. PORTUGUESE language edition published by Starlin Alta Editora e Consultoria Eireli, Copyright © 2017 by Starlin Alta Editora e Consultoria Eireli.

A editora não se responsabiliza pelo conteúdo da obra, formulada exclusivamente pelo(s) autor(es).

Marcas Registradas: Todos os termos mencionados e reconhecidos como Marca Registrada e/ou Comercial são de responsabilidade de seus proprietários. A editora informa não estar associada a nenhum produto e/ou fornecedor apresentado no livro.

Impresso no Brasil.

Obra disponível para venda corporativa e/ou personalizada. Para mais informações, fale com projetos@altabooks.com.br

Editoração Eletrônica
DTPhoenix Editorial

Revisão
Edna Cavalcanti | Mariflor Brenlla Rial Rocha

Produção Editorial
Elsevier Editora — CNPJ 42.546.531/0001-24

Erratas e arquivos de apoio: No site da editora relatamos, com a devida correção, qualquer erro encontrado em nossos livros, bem como disponibilizamos arquivos de apoio se aplicáveis à obra em questão.

Acesse o site www.altabooks.com.br e procure pelo título do livro desejado para ter acesso às erratas, aos arquivos de apoio e/ou a outros conteúdos aplicáveis à obra.

Suporte Técnico: A obra é comercializada na forma em que está, sem direito a suporte técnico ou orientação pessoal/exclusiva ao leitor.

CIP-Brasil. Catalogação-na-fonte.
Sindicato Nacional dos Editores de Livros, RJ

K88L   Kotter, John P., 1947-
         O coração da mudança: transformando empresas com a força das emoções / John P. Kotter, Dan S. Cohen; tradução Afonso Celso da Cunha Serra. — Rio de Janeiro: Alta Books, 2017.
         23 cm

         Tradução de: The heart of change
         ISBN 978-85-508-0089-9

         1. Desenvolvimento organizacional. I. Cohen, Dan S. II. Título.

13-0954   CDD: 658.406
                                                         CDU: 658.012.32

Rua Viúva Cláudio, 291 — Bairro Industrial do Jacaré
CEP: 20970-031 — Rio de Janeiro - RJ
Tels.: (21) 3278-8069 / 3278-8419
www.altabooks.com.br — altabooks@altabooks.com.br
www.facebook.com/altabooks

*A Nancy e Ronnie,
que têm estado no coração
de nossas mudanças.*

AGRADECIMENTOS

Muitas pessoas foram de grande valia na realização deste livro. Nossos sinceros agradecimentos a Isla Beaumont e Richard Skippon, por todo o tempo que dedicaram a nos ajudar na identificação de empresas, condução de entrevistas, redação de histórias — tiramos o chapéu para todos eles.

Nossa gratidão se estende principalmente a Doug McCracken, Stephen Sprinkle, Susan Gretchko e Gerry Pulvermacher, da Deloitte Consulting, que não hesitaram em nos conceder tempo e apoio para o desenvolvimento do projeto. Muita gente da Deloitte Consulting deu-se ao trabalho de nos auxiliar na obtenção das entrevistas. Aí se incluem John Fox, Doug Lattner, Dave Fornari, John McCue, Andy Konigsberg, Lee Dittmar, Rick Greene, Todd Laviere, Jim MacLachlan, Pete Giulioni, Deon Crafford, Mike McFaul, Mitch Shack, Tom Captain, Jim Bragg, Mike McLaughlin, Jim Haines, Dan Gruber, Jack Ringquist, Brian Lee, Steve Dmetruk, Derek Brown, Gary Coleman, John Flynn, John Harrison, John Reeve, Mark Gardner, Leon Darga, Willie Beshire, Tom Van der Geest, Peter Gertler, Kevin Gromley, Don Decamara, Carol Linstrom, Ed Eshbach, Gary Cunningham, Rich Sterbanz, Christina Dorfhuber, Tom Maloney, Marlees Van der Starre, Tricia Bay, Steve Baldwin, Randy Martin, Andrew Gallow, Tony Gerth, Mike Goldberg, Mike LaPorta e Chris Hooper.

Nancy Dearman, Spencer Johnson e Jeff Kehoe foram especialmente úteis no manuscrito em si. Além disso, algumas dezenas de pessoas tiveram a bondade de rever minutas do livro. A todas, nossos agradecimentos.

JOHN KOTTER
DAN COHEN

OS AUTORES

John P. Kotter é considerado, em âmbito internacional, a mais importante autoridade em questões de liderança e de mudança. É a voz mais ouvida sobre como as melhores organizações promovem transformações bem-sucedidas. Professor emérito de liderança, na cátedra Konosuke Matsushita, da Harvard Business School, e pós-graduado pelo MIT e por Harvard, seu trabalho desbravador sobre como acelerar com êxito as mudanças organizacionais tem sido reiteradamente validado em diversos setores e em diferentes culturas. É criador e cofundador da Kotter International, organização voltada para temas de liderança que ajuda líderes de algumas das cinco mil principais empresas globais a acelerar a implementação de suas estratégias mais importantes e a liderar a mudança em ambientes de negócios complexos e em rápida mutação.

Kotter é autor de 18 livros, dos quais 12 são best-sellers. Seus trabalhos foram impressos em mais de 150 edições em língua estrangeira, e seus livros se incluem no 1% superior das vendas pela Amazon.com. Seus artigos na *Harvard Business Review* venderam mais exemplares avulsos que qualquer um dos de centenas de autores de renome que escreveram para a mesma revista, no mesmo período.

Kotter faz parte do corpo docente da Harvard Business School desde 1972. Em 1980, aos 33 anos, conquistou estabilidade como professor pleno, tornando-se um dos mais jovens membros da academia a receber tal honraria na Harvard University.

Em 2009, recebeu o Lifetime Achievement Award, da American Society for Training and Development, em reconhecimento por sua obra e pelo significativo impacto que exerceu sobre o aprendizado e o desempenho das organizações.

Dan S. Cohen é CEO da Stuart Advisory Services Group e sócio aposentado da Deloitte Consulting LLP. Suas pesquisas e trabalho se concentram em transformação organizacional e em mudança estratégica de grande porte. Tem mais de 35 anos de experiência em consultoria e em atividades profissionais no setor.

Durante seus 15 anos na Deloitte, desenvolveu a primeira metodologia de Liderança da Mudança Global e foi o principal arquiteto do processo de Mudança Estratégica da empresa. Prestou consultoria a numerosas organizações do setor privado e do setor público, como Shell Oil, Exxon Mobil, Merck, Southwest Airlines e Juniper Inc., bem como à Marinha dos Estados Unidos, à CIA, e ao Internal Revenue Service (Receita Federal).

Além do trabalho de Consultoria, Cohen ministra aulas sobre comportamento organizacional em organizações como Ohio State University, Miami University, University of Detroit e Southern Methodist University. Também atua como palestrante convidado e líder de workshops de numerosas organizações profissionais e grupos setoriais nacionais e internacionais. Além disso, é entrevistado com frequência por emissoras de televisão (CNBC) e rádio.

Antes de atuar como consultor, Cohen trabalhou em empresas dos setores manufatureiro, financeiro e imobiliário, exercendo diversas funções em nível executivo na área de recursos humanos. Fez bacharelado na Adelphi University, em Nova York, mestrado na University of Detroit e PhD na Ohio State University.

Cohen pode ser encontrado em dancohen60@aol.com.

PREFÁCIO

Seis anos atrás, escrevi um livro intitulado *Liderando Mudanças* que tratava do que as pessoas realmente faziam para transformar suas organizações, de modo a torná-las vitoriosas num mundo cada vez mais turbulento. Utilizo o termo *transformar* no sentido de novas tecnologias, grandes mudanças estratégicas, reengenharia de processos, fusões e aquisições, reestruturações em diferentes tipos de unidades de negócios, tentativas de melhorar significativamente a capacidade de inovação e metamorfose cultural. Ao examinar quase 100 casos, constatei que a maioria das pessoas não lidava de maneira adequada com a mudança em grande escala, que cometiam erros previsíveis e que incorriam nesses equívocos principalmente porque tinham pouca experiência com transformações altamente bem-sucedidas. Num mundo onde as turbulências são cada vez mais intensas, marcado por mudanças imprevisíveis e aterradoras, as consequências desses erros deixam cicatrizes profundas. O livro expôs os leitores a iniciativas de mudança que deram certo e descreveu um processo de oito passos adotado por empresas vitoriosas.

Liderando Mudanças foi um livro relativamente pequeno, não só porque acho que a concisão e a objetividade são características positivas, mas também porque era tudo que eu tinha a dizer na época. Mas muitas perguntas interessantes ficaram sem resposta, principalmente sobre as maneiras específicas como se alcançavam aqueles resultados. Essas questões ocupavam boa parte de minha atenção, quando recebi um convite da Deloitte Consulting para trabalhar num projeto de continuação. Eles se propuseram a realizar grande quantidade de entrevistas, desenvolvendo o próximo conjunto de temas críticos, e reunir histórias capazes de ajudar as

xii   O Coração da Mudança

pessoas a compreender com mais profundidade o roteiro de oito passos. A ideia pareceu-me boa. Aceitei o convite e o produto da colaboração é este livro.

A equipe da Deloitte, encabeçada por Dan Cohen, entrevistou mais de 200 pessoas, em mais de 90 organizações americanas, europeias, australianas e sul-africanas. Alguns dos entrevistados foram procurados mais três ou quatro vezes, à medida que buscávamos cada vez mais informações. Finalmente, concentrei-me em 80 histórias, todas elas posteriormente confirmadas com seus protagonistas, a bem da exatidão. Dentre estas, as 34 mais esclarecedoras constam deste livro.

Liderando Mudanças descreve o processo de oito fases percorrido pelas organizações que implementam com sucesso novas formas de operação. Em *O Coração da Mudança*, investigamos os problemas básicos e as soluções vitoriosas de cada um desses estágios. Nossa principal descoberta, em termos simples, é que os temas centrais nunca giram em torno de estratégia, estrutura, cultura ou sistemas. Todos esses elementos, e outros, são importantes, mas o cerne da questão é sempre mudar o comportamento das pessoas; e, para promover com sucesso mudanças de comportamento, é preciso, acima de tudo, falar aos sentimentos. Essa afirmação é verdadeira mesmo em organizações muito voltadas para análises e avaliações quantitativas, e até entre indivíduos que se consideram inteligentes, na acepção dos MBAs. Nos esforços de mudança altamente eficazes, os agentes recorrem às emoções, não apenas ao raciocínio, para ajudar o próximo a ver os problemas e soluções. Os sentimentos, então, alteram o comportamento com intensidade suficiente para superar as numerosas barreiras que se opõem a mudanças em grande escala, mesmo às mais sensatas. Em sentido oposto, em casos não tão bem-sucedidos, esse padrão "ver-sentir-mudar" é menos frequente, e, muitas vezes, nem chega a ocorrer.

Durante toda a minha vida profissional, a ênfase dos livros e dos ambientes educacionais formais sempre convergiu para os processos analíticos e racionais. Os sentimentos eram vistos como algo "vago", sendo mencionado apenas de maneira confusa. Na maioria das vezes, as emoções eram consideradas simples dispersões da objetividade (daí o apelo insistente "Não se deixe levar pela emoção!"). Ainda que, de uns tempos para cá, essa ênfase já não seja tão intensa, não me lembro de uma única ocasião em que tenha participado de um debate concreto, não místico, do tipo aqui descrito, sobre como os líderes de mudança usam luvas, videocâmeras, aviões, arquitetura de escritórios, nova orientação aos empregados, narrativas e protetores de tela para influenciar sentimentos e transformar comportamentos.

Estruturamos este livro em torno desses oito passos, pois é assim que as pessoas experimentam o processo. Constata-se a existência de um fluxo no esforço de mudança bem-sucedido, e os capítulos seguintes acompanham essa sequência. Ao longo de todo o percurso, procuramos explorar tanto quanto possível nossa ideia básica. Sim, não abandonamos as análises, mas ilustramos as questões com histórias da vida real, sob os pontos de vista de pessoas de verdade. E essas pessoas têm nomes — nomes verdadeiros, exceto nos casos em que usamos pseudônimos.

JOHN KOTTER
Cambridge, Massachusetts

SUMÁRIO

Agradecimentos *vii*

Os autores *ix*

Prefácio *xi*

Introdução
O Coração da Mudança 1
Qual a causa das vitórias e dos fracassos nas mudanças em
grande escala. O caminho de oito passos para o sucesso.
O principal desafio em cada fase do processo. Como enfrentar
os desafios. A diferença crítica entre "ver-sentir-mudar"
e "analisar-pensar-mudar".

Passo 1
Aumentar a Urgência 15
Despertar o sentimento de urgência, de modo que as pessoas
comecem a comentar umas com as outras "precisamos fazer
alguma coisa" sobre os problemas e oportunidades. Reduzir a
complacência, o medo e a raiva que inibem o desencadeamento
da mudança.

Passo 2
Construir a Equipe de Orientação 37
Ajudar a reunir o grupo certo de pessoas, com características
adequadas e poder suficiente para impulsionar o esforço de
mudança. Ajudar essas pessoas a comportar-se com confiança
e comprometimento emocional umas com as outras.

xvi   O Coração da Mudança

Passo 3
Desenvolver a Visão Certa *61*
Facilitar a migração para além dos planos e orçamentos
analíticos e financeiros. Criar uma visão realmente cativante,
que direcione o esforço. Ajudar a equipe de orientação a
desenvolver estratégias ambiciosas para converter em realidade
a visão ousada.

Passo 4
Comunicar-se para Promover a Compra *83*
Enviar mensagens nítidas, confiáveis e sinceras sobre a direção
da mudança, de modo a promover sua compra no âmago das
pessoas e transformar seus comportamentos. Usar palavras, atos
e novas tecnologias para desobstruir os canais de comunicação
e superar a confusão e a desconfiança.

Passo 5
Empowerment para a Ação *101*
Remover barreiras que bloqueiam as iniciativas de quem
genuinamente abraçou a visão e as estratégias. Afastar os
obstáculos organizacionais e emocionais para que as pessoas
atuem de maneira diferente.

Passo 6
Propiciar Vitórias a Curto Prazo *123*
Promover com rapidez vitórias imediatas que dissipem o
cinismo, o pessimismo e o ceticismo, de modo a criar o ímpeto
inicial. Garantir que os sucessos sejam visíveis, inequívocos e
tocantes em relação aos interesses mais profundos das pessoas.

Passo 7
Não Permitir o Desânimo *141*
Ajudar as pessoas a criar sucessivas ondas de mudança, até que
a visão se converta em realidade. Não contornar as partes mais
difíceis do processo de transformação, sobretudo as grandes
barreiras emocionais. Eliminar o trabalho inútil para evitar a
exaustão ao longo da jornada.

Sumário **xvii**

Passo 8

Tornar a Mudança Duradoura *159*

Garantir que as pessoas continuem a agir conforme o novo estilo, não obstante os apelos da tradição, arraigando os novos comportamentos na cultura organizacional. Explorar o processo de orientação aos empregados, o processo de promoções funcionais e o poder da emoção, para reforçar as novas normas grupais e os valores compartilhados.

Conclusão

Vemos, Sentimos e Mudamos *177*

Sentir e pensar. A necessidade de mais do que uns poucos heróis num mundo turbulento.

Índice das histórias *185*

INTRODUÇÃO

O Coração da Mudança

A MENSAGEM MAIS IMPORTANTE deste livro é muito simples. As pessoas mudam menos com base em *análises* que moldam seu *raciocínio* do que por força da *visão* de uma verdade que influencia seus *sentimentos*. Essa afirmação é verdadeira sobretudo nas mudanças organizacionais em grande escala, nas quais se lida com novas tecnologias, fusões e aquisições, reestruturações, novas estratégias, metamorfoses culturais, globalização e e-business — seja em todo o âmbito da organização, seja apenas num escritório, departamento ou grupo de trabalho. Numa era de turbulência, os vencedores serão aqueles que souberem lidar com essa realidade. Quem tratá-la de maneira inadequada ficará louco, gastará muito dinheiro e sofrerá dores agudas.

Os ensinamentos aqui apresentados foram extraídos de dois conjuntos de entrevistas; o primeiro concluído há sete anos, o segundo, nos dois últimos anos. Cerca de 400 pessoas de 130 organizações responderam às nossas perguntas. Em síntese, constatamos que:

- As organizações de grande sucesso sabem como sobrepujar os anticorpos que rejeitam qualquer coisa nova. Conhecem as maneiras de aproveitar oportunidades e evitar riscos. Percebem

2 O Coração da Mudança

que os *maiores saltos* são cada vez mais o resultado de grandes vitórias. Têm consciência de que somente o gradualismo da melhoria contínua já não é suficiente.

- A mudança em grande escala, bem-sucedida, é um processo complexo que se desenrola em *oito estágios*. O fluxo é o seguinte: promover o sentimento de urgência, constituir a equipe de orientação, desenvolver a visão e as estratégias, divulgar com eficácia a visão e as estratégias, remover os obstáculos à ação, conquistar vitórias a curto prazo, continuar desencadeando sucessivas ondas de mudança até que o trabalho esteja concluído e, finalmente, criar uma nova cultura que consolide os comportamentos recém-adquiridos.
- O desafio central de todos esses oito estágios é *mudar o comportamento das pessoas*. Não se trata de estratégia, nem de sistemas, nem de cultura. Tais elementos e muitos outros até podem ser de grande relevância, mas o âmago do problema é, sem dúvida, comportamental — o que as pessoas fazem e a necessidade de mudanças significativas no que fazem.
- A mudança de comportamento é menos uma questão de oferecer análises para afetar o raciocínio do que de ajudar a ver a verdade para *influenciar os sentimentos*. Tanto o pensamento quanto o sentimento são essenciais, e ambos estão presentes nas organizações bem-sucedidas, mas o coração da mudança são as emoções. O fluxo ver-sentir-mudar é mais vigoroso do que o esquema analisar-pensar-mudar. As diferenças entre ver e analisar, entre sentir e pensar são críticas porque, em geral, analisamos e pensamos com muito mais frequência, competência e conforto do que vemos e sentimos.

Quando somos dominados pela frustração, às vezes tentamos convencer-nos de que é menor a necessidade de mudança em larga escala. Mas forças poderosas e incessantes agravam a turbulência. Quando somos levados pelo desânimo, por vezes achamos que os problemas são inevitáveis e incontroláveis. Entretanto, algumas pessoas lidam com a mudança em larga escala de maneira extremamente eficaz. Todos temos o que aprender com esses indivíduos. Aí se incluem CEOs e supervisores de primeira linha. Quem quer que

Introdução: o coração da mudança **3**

esteja envolvido em grandes processos de mudança pode extrair ensinamentos dessas situações. Aqui se situa o foco deste livro.

Os oito passos para o sucesso da mudança em grande escala

Para compreender por que algumas organizações estão saltando para o futuro com mais sucesso do que outras, é preciso entender, de início, o fluxo das iniciativas eficazes de mudança em grande escala. Em quase todos os casos, constata-se uma sequência, um conjunto de oito passos, com os quais poucas pessoas lidam de maneira satisfatória.

Passo 1

Seja no topo de grandes empresas privadas, seja na base de entidades sem fins lucrativos, os indivíduos que alcançam os maiores êxitos em mudanças expressivas começam seu trabalho a partir da criação do senso de *urgência* entre os atores mais relevantes. Em organizações de pequeno porte, é mais provável que a quantidade de pessoas relevantes esteja mais perto de 100 do que de 5; em organizações de maior porte, a mesma realidade estará mais perto de 1.000 do que de 50. Os líderes de mudança que não alcançam grandes êxitos almejam grupos de 5 ou 50, e por vezes até de zero, permitindo que ocorra o que é tão comum em qualquer lugar — excesso de complacência, medo ou raiva, fatores bem capazes de solapar o processo de transformação. O senso de urgência, às vezes promovido por iniciativas criativas, faz com que as pessoas levantem do sofá, saiam das trincheiras e partam para a ação.

Passo 2

Depois de despertarem o senso de urgência, os agentes de mudança mais bem-sucedidos constituem uma *equipe de orientação*, cujos membros desfrutam de credibilidade, habilidades, ligações, reputação e autoridade formal, fatores imprescindíveis ao exercício da liderança da mudança. Como todas as boas equipes, este grupo aprende a operar com confiança e com envolvimento emocional. Já os líderes menos inspiradores confiam em uma única pessoa ou em ninguém, em forças-tarefas ou em comitês pusilânimes e, por

4   O Coração da Mudança

vezes, em complexas estruturas de governança, tudo sem estatura, habilidade e poder para a realização da missão. O campo de batalha está juncado dos despojos de tropas mal municiadas para a produção das mudanças almejadas.

Passo 3
Nos melhores casos, a equipe de orientação desenvolve *visões* nítidas, simples, sensatas e cativantes, que inspiram o desenvolvimento de um conjunto de estratégias. Nos casos não tão auspiciosos, dispõe-se apenas de planos e orçamentos detalhados que, embora necessários, são insuficientes, e de uma visão que quase sempre não é das mais sensatas, em face dos eventos do mundo e da empresa, ou que não passa de produto exógeno, de criação alheia, solenemente ignorado pela equipe de orientação. Por fim, nos fracassos retumbantes, as estratégias quase sempre são demasiado lerdas e cautelosas, para um mundo em rápida evolução.

Passo 4
A *divulgação* da visão e das estratégias é a etapa seguinte — ou seja, mensagens simples e francas enviadas por meio de canais desobstruídos. A meta é promover a compreensão, desenvolver o envolvimento profundo e liberar mais energia de uma massa crítica de pessoas. Aqui os feitos quase sempre são mais importantes do que as palavras. Os símbolos falam alto. A repetição é fundamental. Nos casos em que o sucesso é menos fragoroso, a comunicação eficaz é escassa; ou as pessoas ouvem, mas rejeitam a mensagem. O mais notável é que gente inteligente comunica-se pouco ou comunica-se mal, o tempo todo, sem reconhecer a falha.

Passo 5
Nas melhores situações, encontram-se doses maciças de *empowerment*. Removem-se os grandes obstáculos que tolhem as iniciativas inspiradas pela visão. Os líderes da mudança assestam as armas contra os chefes castradores, contra as informações inadequadas e contra as barreiras mentais à autoconfiança. A questão aqui é remover obstáculos, em vez de "outorgar poder" ou "delegar autoridade". Não se distribui poder em sacos. Nas situações não tão bem-sucedidas, os

Introdução: o coração da mudança **5**

indivíduos devem arranjar-se por conta própria, não obstante todos os entraves. Assim, semeia-se a frustração e solapa-se a transformação.

Passo 6

Nos casos de grande sucesso, indivíduos capacitados e desinibidos, que trabalham para a realização da visão, contam com apoio irrestrito para produzir *vitórias a curto prazo*. Essas vitórias são críticas. Elas proporcionam credibilidade, recursos e ímpeto ao esforço geral. Em outros casos, as vitórias são mais vagarosas, menos ostensivas, não tão vibrantes em relação aos valores organizacionais e mais ambíguas quanto a se de fato são conquistas significativas. Sem processos bem gerenciados, seleção cuidadosa dos primeiros projetos e coleta rápida dos primeiros frutos, os cínicos e os céticos afundarão qualquer iniciativa.

Passo 7

Nas situações mais alvissareiras, os líderes *não esmorecem*. O ímpeto aumenta depois das primeiras vitórias. Algumas das mudanças fincam raízes mais profundas. Nesse ambiente propício, os líderes decidem com astúcia o que fazer na etapa seguinte e então desencadeiam sucessivas ondas de mudança, até que a visão se converta em realidade. Nas situações em que os êxitos não são tão sensacionais, os participantes tentam fazer muita coisa ao mesmo tempo. Sem que se deem conta, logo perdem o entusiasmo e permitem que o impulso diminua até o ponto de novamente se atolarem na mesmice.

Passo 8

Finalmente, nos melhores casos, os líderes em toda a organização fomentam uma nova cultura que incorpora a *mudança como algo duradouro*. Essa nova cultura — normas comportamentais e valores compartilhados em todo o grupo — é produto da consistência da ação bem-sucedida durante um período bastante longo. Nesta altura, promoções oportunas, orientação habilidosa a novos empregados e eventos que apelam para as emoções fazem grande diferença. Em outras situações, a mudança flutua como espuma na superfície. Muito trabalho se dissipa de uma hora para a outra, sob os fortes ventos da tradição e da ortodoxia.

6 O Coração da Mudança

Os oito passos para o sucesso da mudança em grande escala

Passo	Ação	Novo Comportamento
1	Aumentar a urgência	As pessoas começam a dizer umas às outras: "Vamos, precisamos mudar as coisas!"
2	Construir a equipe de orientação	Forma-se um grupo bastante poderoso para orientar a grande mudança e criam-se condições para um bom trabalho em equipe.
3	Desenvolver a visão certa	A equipe de orientação desenvolve a visão e a estratégia adequadas para o esforço de mudança.
4	Comunicar-se para promover a compra	As pessoas começam a comprar a mudança, conforme se verifica por seus comportamentos.
5	Empowerment para a ação	Mais pessoas se consideram capazes de agir, e realmente agem, com base na visão.
6	Propiciar vitórias a curto prazo	O ímpeto aumenta, à medida que mais pessoas procuram realizar a visão, ao mesmo tempo em que a resistência é cada vez menor.
7	Não permitir o desânimo	Desencadeiam-se sucessivas ondas de mudança, até que a visão se converta em realidade.
8	Tornar a mudança duradoura	Garantir a continuidade do novo estilo, apesar do apelo da tradição, da rotatividade dos líderes da mudança etc.

O fluxo da mudança

O fluxo básico está resumido no quadro ao lado. O processo de mudança envolve aspectos sutis, referentes à sobreposição de fases, às equipes de orientação nos vários níveis da organização, ao gerenciamento dos diferentes ciclos de mudança, e mais. Como o mundo é complexo, alguns casos não seguem rigorosamente o fluxo de oito passos. Mas o padrão das oito fases é o paradigma básico que se observa em processos de mudança realmente eficazes, que chegaram a bom termo, não obstante a tendência organizacional de não empreender saltos bem-sucedidos em direção a um futuro mais promissor.

Evidências esmagadoras demonstram que o problema mais fundamental em todos os estágios é modificar o comportamento. No passo 1, o tema básico não é a urgência sob alguma perspectiva abstrata. Realmente importante aqui são as atitudes das pessoas que ignoram como o mundo está mudando, que ficam paralisadas pelo medo em face dos problemas e que acabam fazendo muito pouco, embora se queixem com amargura. No passo 2, a questão é o comportamento dos que estão em posição para orientar a mudança, sobretudo em termos de confiança e de envolvimento. No passo 3, o desafio crucial é que as pessoas comecem a agir de maneira a criar visões e estratégias sensatas. Para os indivíduos que sabem planejar, mas que nunca conceberam um processo de transformação vitorioso, essa mudança de atitude é enorme. No passo 4, o fundamental é que uma massa crítica de pessoas compre a visão, como produto da comunicação. No passo 5, o relevante é atuar conforme a nova orientação — o que para alguns indivíduos significará trabalhar de maneira radicalmente nova. E assim ao longo de todo o processo.

Ver, sentir, mudar

Mudar de maneira significativa o comportamento de uma única pessoa pode ser uma tarefa muito difícil. Transformar 101 ou 10.001 pessoas já é um trabalho hercúleo. No entanto, as organizações que saltam para o futuro conseguem exatamente isso. Quando se analisa com cuidado a forma de atuação dessas organizações, descobre-se

8 O Coração da Mudança

outro padrão. Elas são bem-sucedidas, qualquer que seja o estágio do processo total, porque suas atividades mais importantes no processo de mudança não giram em torno dos aspectos formais da coleta de dados, da análise de informações, da elaboração de relatórios e do desenvolvimento de apresentações — exatamente os tipos de atuação que almejam modificar o raciocínio para mudar o comportamento. Em vez disso, elas *mostram* de forma irresistível quais são os problemas e como solucioná-los. As reações por elas suscitadas atenuam os sentimentos inibidores da mudança e reforçam as emoções impulsoras das ações almejadas. A reação emocional daí decorrente fornece a energia que impele as pessoas ao longo do processo de mudança, por maiores que sejam as dificuldades.

As histórias apresentadas em todo este livro esclarecem esse padrão, revelando o que pode ser feito para fortalecer o processo. No Capítulo 1 (que trata da urgência), um gerente de abastecimento deflagra o processo de mudança ao fazer uma apresentação contundente. Ele empilha na mesa de reuniões 424 diferentes tipos de luvas que a empresa vinha comprando para seus trabalhadores, aos mais diferentes preços para a mesma espécie de luva, de dezenas de fornecedores. No início as pessoas ficam chocadas, mas depois retrai-se a complacência arraigada e amplia-se o sentimento de urgência. No caso, não se tratou apenas de dados que mostraram a necessidade de mudança no processo de compras, para que as pessoas alterassem seu comportamento. Em geral, é algo mais sutil e profundo. É um clamor mais ruidoso que arrebata a atenção, num dia pontilhado de milhares de palavras e de dezenas de eventos. É uma imagem, difícil de contestar, que evoca o sentimento de que se deve *fazer* alguma coisa.

No Capítulo 2 (equipe de orientação), um oficial do Exército de um país africano não recorre a argumentos lógicos para promover a coesão de sua nova equipe de mudança. Ao contrário, surpreende todo o grupo, ao fazer certos comentários na reunião, assumindo riscos pessoais em prol de um bem maior. Em seguida, ajuda os participantes a compartilhar histórias cheias de emoção, ao redor de uma fogueira ao ar livre. Daí emergem sentimentos mais positivos, ao mesmo tempo em que aumenta a confiança recíproca, induzindo o grupo a agir como equipe eficaz.

Introdução: o coração da mudança **9**

O gerente da fábrica de aviões do Capítulo 3 (visão e estratégias) desiste de apenas falar com seu pessoal a respeito do desenvolvimento de estratégias ambiciosas, compatíveis com uma visão de qualidade ainda mais ousada. Em vez disso, toma uma atitude drástica. Paralisa o processo de produção normal — apenas o interrompe — e todos são obrigados a ficar olhando durante todo o dia para um gigantesco avião que não mais se movimenta ao longo da linha de produção. Ao mesmo tempo, expressa a crença pétrea de que eles serão capazes de descobrir um meio de melhorar a qualidade sem atrasar a entrega. Depois do choque inicial, e com um comportamento sempre otimista, os empregados começam a desenvolver todos os tipos de novas estratégias, para avançar nos processos de abastecimento, logística e controle de qualidade.

No Capítulo 4 (comunicação), os protagonistas tentam explicar com lógica por que as salas luxuosas dos executivos são eficazes em relação ao custo, numa época de corte de despesas — o motivo é que seria mais oneroso mudar a arquitetura e a decoração para fazê-las parecer menos ostentatórias. Mas o discurso convence poucos empregados e difunde o cinismo. Reagindo à descrença, um novo CEO "arrasa" o andar e constrói tudo de novo, tornando o ambiente menos pomposo. Com isso, provoca forte impacto entre os empregados, aumentando sua fé na alta gerência e fortalecendo sua crença na visão.

No Capítulo 5 (empowerment), os gerentes se recusam a transferir, despedir ou "retreinar" alguém que se mostra obstinadamente contrário à mudança, cujas atitudes acabam inibindo a colaboração dos demais. Em vez disso, emprestam-no a um cliente, onde se defronta, no dia a dia, com os problemas dramáticos resultantes da inadequação dos seus produtos. Aquela nova percepção causa-lhe forte impacto, depois desperta sentimentos que o ajudam a erguer-se à altura da situação. Ao retornar à posição anterior, assiste-se ao renascimento de um gerente. Executando seu trabalho de maneira inteiramente nova, ele ajuda a empresa a promover mudanças que beneficiam os clientes, os empregados e os proprietários.

No Capítulo 6 (vitórias a curto prazo), certo gerente não adota em relação a influente senador as atitudes extremas de ignorar suas pressões ou de tentar dissuadi-lo mediante argumentos racionais,

10 O Coração da Mudança

em apresentação cheia de gráficos e tabelas. Ao contrário, primeiro descobre os fatores realmente importantes para o político e depois reduz drasticamente o número de formulários a serem preenchidos na área. Ao mostrar os resultados ao senador, surpreende-o da maneira mais positiva. Em consequência, o senador passa a apoiar ativamente o esforço de mudança.

No Capítulo 7 (não esmorecer), uma força-tarefa sabe que o comportamento da alta administração está retardando o processo de mudança. Mas em vez de esquivar-se do problema ou tentar abordá-lo de maneira asséptica, criam um vídeo hilariante, em que os atores expõem o problema em forma de paródia. Esse recurso divertido e não agressivo fornece aos executivos empenhados no programa de mudança as ferramentas necessárias para infundir novas atitudes no grupo refratário.

No Capítulo 8 (tornando a mudança duradoura), o staff escreve um belo discurso sobre os valores da organização e sobre a necessidade de preservá-los e fortalecê-los, para que o programa de mudança lance raízes mais profundas. Mas o momento mais persuasivo é aquele em que apresentam aos empregados um cliente de verdade, que narra uma história inspiradora sobre os efeitos do vivenciamento desses valores na prática cotidiana.

Essas histórias revelam um padrão básico que sempre se associa à mudança bem-sucedida:

1. Ver. De repente, os agentes de mudança se defrontam com um problema em algum estágio do processo de transformação — muitos colegas continuam agindo de maneira complacente, ninguém se empenha em desenvolver uma estratégia sensata e não são poucos os que apresentam sinais de desânimo. Como solução, criam situações dramáticas e cativantes, que ajudam os outros a visualizar os problemas e a buscar soluções.
2. Sentir. A visualização desperta sentimentos que facilitam a mudança eficaz ou atenuam resistências que inibem a mudança. O senso de urgência, de otimismo e de fé adquire novo viço. As atitudes de raiva, complacência, cinismo ou medo tornam-se menos frequentes.

Introdução: o coração da mudança **11**

Promovendo mudanças de comportamento dentro de cada um dos oito passos

Quase sempre, o método básico é: VER-SENTIR-MUDAR	Raramente o método básico é: ANALISAR-PENSAR-MUDAR
1. AJUDAR A VER Criam-se situações dramáticas, cativantes e que atraem os olhares, para ajudar os participantes a visualizar os problemas, as soluções e o progresso na eliminação da complacência, no desenvolvimento de estratégias, na capacitação do pessoal e na abordagem de outras questões fundamentais ao longo dos oito estágios.	**1. FORNECER ANÁLISES** Coletam-se e analisam-se informações, escrevem-se relatórios e fazem-se apresentações sobre os problemas, as soluções e o progresso na promoção da urgência, no trabalho em equipe, na comunicação, no aproveitamento do ímpeto e na abordagem de outras questões fundamentais ao longo dos oito estágios.
Em consequência:	*Em consequência*:
2. A VISÃO DE ALGO NOVO ATINGE AS EMOÇÕES A visualização das inovações gera ideias úteis, que atingem as pessoas em nível mais profundo do que o pensamento superficial, evocando respostas viscerais, que inibem as emoções bloqueadoras da mudança e estimulam as emoções fomentadoras da mudança.	**2. OS DADOS E ANÁLISES INFLUENCIAM O RACIOCÍNIO** As informações e os relatórios mudam o pensamento das pessoas. Abandonam-se ou modificam-se as ideias incompatíveis com as mudanças necessárias.
3. IDEIAS CARREGADAS DE EMOÇÕES MUDAM COMPORTAMENTOS ANTIGOS E REFORÇAM NOVOS COMPORTAMENTOS	**3. NOVOS RACIOCÍNIOS MUDAM COMPORTAMENTOS ANTIGOS E REFORÇAM NOVOS COMPORTAMENTOS**

12 O Coração da Mudança

3. Mudar. Os novos sentimentos transformam o comportamento e reforçam novas atitudes, por vezes muito diferentes das anteriores. As pessoas agem com menos complacência. Insistem com muito mais perseverança em converter a boa visão em realidade. Não interrompem o trabalho antes de sua conclusão, mesmo que a estrada pareça longa.

As bem-sucedidas táticas ver-sentir-mudar tendem a ser inteligentes, jamais são atabalhoadas e nunca recorrem ao cinismo manipulativo. Geralmente têm um esplendor duradouro, decorrente das sucessivas narrativas dos dias heroicos ou dos sinais ainda visíveis dos eventos gloriosos, influenciando mais pessoas ao longo do tempo. Quando todos os oito estágios do processo de mudança são bem conduzidos até o fim, os resultados podem ser de tirar o fôlego. Organizações maduras (obsoletas, desengonçadas ou pesadonas) dão um salto para o futuro. Os retardatários transformam-se em desbravadores e os líderes avançam ainda mais.

Nada disso significa que a coleta, a análise e a apresentação de dados não sejam importantes. Em verdade, podem ser cruciais. Às vezes, os métodos analíticos induzem a um questionamento de atitudes que, por sua vez, lança os participantes no fluxo ver-sentir--mudar. Outras vezes, a mudança deflagrada pelos sentimentos induz à adoção de novos métodos de análise substancialmente melhores do que os anteriores. Em geral, as pequenas mudanças são parte necessária de um esforço de transformação mais amplo, e não raro essas alterações iniciais são o resultado de processos racionais. Por vezes, necessita-se de análises cuidadosas para que o pessoal de finanças e engenharia, mais propenso à quantificação, disponha-se a abrir os olhos para a nova realidade.

Mas as análises estão sujeitas a pelo menos três grandes limitações. Primeiro, em uma quantidade impressionante de casos, não se precisa delas para descobrir as grandes verdades. Não se necessita de muito trabalho para saber que a velha estratégia perdeu a eficácia e que ainda não se adotou outra em substituição. Não se carece de um relatório de 50 páginas para se dar conta da insuficiência do desenvolvimento de novos produtos e dos muitos fatores que

Introdução: o coração da mudança **13**

inibem a atuação dos engenheiros. Tampouco se precisa de pilhas de dados financeiros para concluir que a empresa não pode ficar fora do e-business e que o primeiro passo é simplesmente dar o primeiro passo. Do mesmo modo, sabe-se de pronto, sem a ajuda de uma junta de psicólogos, que Fred e sua equipe não estão produzindo os resultados esperados e que algo deve ser feito. Sim, as exceções são inúmeras — por exemplo, decidir como aplicar a verba de US$100 milhões, para o desenvolvimento de novo sistema de tecnologia da informação — mas a conclusão genérica continua válida.

Segundo, as ferramentas analíticas têm suas limitações em ambientes turbulentos. Esses métodos funcionam melhor quando se dispõe de parâmetros, as premissas são mínimas e o futuro não é tão nebuloso.

Terceiro, por melhores que sejam, as análises raramente são muito motivadoras. Quando eficazes, até mudam opiniões, mas com que frequência impelem as pessoas porta afora, para agir aqui e agora, de maneira totalmente diferente? E motivação tem pouco a ver com pensamento; é muito mais uma questão de sentimento.

Algumas iniciativas de mudança fracassam não porque sejamos imbecis, demasiado controlados ou desprovidos de emoção, embora, às vezes, até pareça que essa é a realidade. A principal causa do fracasso é a falta de experiência com processos de mudança altamente eficazes. Sem essa vivência, a toda hora nos deixamos dominar pelo pessimismo, pelo medo e pela falta de fé na ação. Assim, além de agir de maneira pouco eficaz, nem mesmo tentamos mudar.

Pense nas implicações desse padrão em uma era de mudança acelerada, em que empreendemos uma transição estarrecedora da economia industrial para a economia da informação e do conhecimento. Reflita sobre essas consequências à luz de como os gerentes, educadores de executivos e outros atores lidam com a mudança em grande escala.

Obviamente, as dificuldades são enormes, mas a desinformação e o pessimismo não atenuam a situação. Precisamos dar mais saltos para o futuro. E embora estejamos melhorando nesses mergulhos na incerteza, nada impede que sejamos ainda muito mais eficazes.

E em face do tamanho do cacife, vale a pena melhorar.

Como usar este livro

Por ajudarem a *mostrar*, as histórias do livro são muito importantes. Para o leitor, a observação superficial das figuras e a leitura aleatória do texto não surtirão bons resultados. Se você estiver com pressa e quiser extrair lições rápidas do livro, leia três ou quatro histórias e veja os quadros no final de cada capítulo. Você pode escolher as histórias de qualquer capítulo que lhe pareça mais relevante ou começar com "Luvas sobre a mesa de reuniões", no capítulo referente ao passo 1; com "O avião não se movimentará!", no capítulo referente ao passo 3; e "Reequipando o chefe", no capítulo referente ao passo 5.

Não importa como você lerá o livro, não hesite em copiar uma história e enviá-la a seus colegas. Quanto mais uma história relevante circular entre seus colegas e quanto mais frequentes forem os diálogos férteis por ela ensejados, melhor para todos na organização.

Numa edição recente da *Fortune*, cita-se a seguinte afirmação de Jack Welch: "É preciso falar em mudança a cada segundo do dia." Essa posição parece um pouco extrema, mas talvez o extremismo seja ingrediente necessário das vitórias.

PASSO I
AUMENTAR A URGÊNCIA

PASSO 2
CONSTRUIR A EQUIPE DE ORIENTAÇÃO

PASSO 3
DESENVOLVER A VISÃO CERTA

PASSO 4
COMUNICAR-SE PARA PROMOVER A COMPRA

PASSO 5
EMPOWERMENT PARA A AÇÃO

PASSO 6
PROPICIAR VITÓRIAS A CURTO PRAZO

PASSO 7
NÃO PERMITIR O DESÂNIMO

PASSO 8
TORNAR A MUDANÇA DURADOURA

PASSO I

Aumentar a Urgência

Nos esforços de mudança bem-sucedidos, o primeiro passo é garantir que certa massa crítica de pessoas atue com um mínimo de urgência — aquele comportamento típico de ficar no pé dos outros, sempre à cata de oportunidades e de problemas, aquela inquietação constante que energiza os colegas e transmite uma atitude "pra frente". Sem urgência suficiente, a mudança em grande escala talvez não passe da faina inútil de empurrar enorme pedra montanha acima.

Começando mal

Você já viu uma variante dessa história?

Conseguindo a aprovação dos chefes

Ted Watson

Certa vez, o comitê executivo de nossa empresa reuniu-se para discutir as mudanças necessárias em nosso pacote de software. Antes da reunião, enviaram-se alguns trabalhos para os executivos, sobre os aspectos positivos e negativos do sistema existente. Um pequeno grupo dedicara-se com diligência à análise econômica, examinando de perto, em especial, os atuais programas. Na reunião, expuseram seus argumentos. "Este é o nosso problema. A tecnologia nos oferece grandes oportunidades...". Gráficos, tabelas e fluxogramas esclareciam ainda mais a situação. A equipe executiva ouvia tudo aquilo com atenção.

A ideia geral — que não tinha nada de exclusiva — era promover a consistência entre todas as unidades operacionais. Adotaríamos a mesma abordagem em qualquer atividade, não importa se o gerente trabalhasse em Birmingham ou em Buffalo. Usaríamos os mesmos procedimentos básicos para comprar uma caneta, um gerador ou um martelo. O ponto era usar a nova tecnologia para tirar vantagem das economias de escala.

Durante a reunião, fizeram-se algumas perguntas. "Quanto tempo isso vai demorar?", "Quem mais usou este novo software?", "Qual foi a experiência prática dos outros usuários?". Mas as controvérsias foram poucas e os debates não se estenderam por muito tempo. Os entendimentos prévios, as conversas informais antes do grande evento, o apoio do CEO e a reunião em si pareceram resultar em consenso.

Assim, o projeto foi aprovado e iniciamos a implementação. Em poucos meses, a quantidade de telefonemas que eu recebia das divisões começou a crescer em ritmo exponencial. Os assuntos sempre eram "Quando isso vai ficar pronto? No *meu* negócio, não podemos...", "O custo-benefício para *nosso* negócio não é bom. Por que não...?", "A ruptura será inaceitável para *nós* por causa das pessoas que você incluiu na equipe de mudança". Tentei esmiuçar os argumentos que justificavam a decisão, mas eu passaria dias ao telefone ouvindo tudo aquilo.

Basicamente, muitas pessoas em cada divisão queriam continuar tocando seus negócios como sempre. Aceitariam o novo software, desde que enfrentassem poucas inconveniências e transformações, exceto a redução

Aumentar a urgência **17**

de custos. Queriam que seus relatórios financeiros mantivessem a cara e o jeito tradicionais. Faziam questão de programar a manutenção à maneira deles, em vez de como estava sendo sugerido. Insistiam em que seus procedimentos de emergência precisavam apenas de uns pequenos ajustes, que sempre exigiram cinco assinaturas na aprovação de qualquer compra e que no negócio deles devia continuar da mesma maneira. Assim, a coisa se arrastava sem grandes progressos. Minha atenção estava totalmente voltada para aquela avalanche de telefonemas, preocupações e questionamentos.

Para encurtar a história, batemos na parede. Tivemos de parar, retroceder e começar tudo de novo. Foi difícil repetir todo aquele trabalho uma segunda vez.

Quatro conjuntos de comportamento geralmente interrompem o lançamento das mudanças necessárias. O primeiro é complacência, induzida pelo orgulho imotivado ou arrogância desmedida. O segundo é imobilidade, autoproteção, uma atitude do tipo esconder-se no armário, motivada por medo ou pânico. Outro é o desvio da resistência irracional, impulsionado pela raiva. O último é o excesso de pessimismo, que descamba para a hesitação constante. Quaisquer que sejam as razões, os resultados são sempre os mesmos. Em vez de analisarem com cuidado as evidências, sensibilizarem-se com a realidade e partirem para a ação, as pessoas retraem-se na inércia e queixam-se dos que assumem novas atitudes. O resultado é que o necessário esforço de mudança não se inicia ou começa mal.

Em "Conseguindo a aprovação dos chefes", o pressuposto implícito, subjacente à abordagem, era que esses comportamentos, e os sentimentos por trás deles, não se manifestariam ou não seriam assim tão importantes, uma vez que o comitê executivo dera o seu aval à iniciativa. Como se vê na história, trata-se de uma premissa básica que, por ser falsa, contaminou todo o processo. Em vários níveis da organização havia muitos bolsões de complacência — "Temos muitos desafios, a uniformidade dos processos de negócios é uma prioridade muito baixa". O medo era generalizado — "Se eu implementar esse projeto, ainda terei autonomia para planejar?". Alguns manifestavam raiva — "Por que será que eles estão

18   O Coração da Mudança

empurrando essa besteira de 'uniformidade' pela minha garganta abaixo?". O pessimismo também era comum — "Vamos gastar uma nota com esse software e ele nunca vai funcionar bem". E ainda por cima o cinismo era difuso — "Gostaria de saber qual foi a comissão daquele vaselina que nos vendeu esse sistema?". Não admira que os responsáveis pela iniciativa tenham dado com os burros n'água.

Começando bem

Aqui está um segundo caso, com uma abordagem totalmente diferente, baseada em um conjunto de pressupostos igualmente diversos.

O videoteipe do cliente zangado

Tim Wallace

Uma noite, estava jantando com um de nossos maiores clientes para agradecer-lhe pelo negócio que fechara conosco. Falávamos sobre um de nossos principais produtos e ele observou que sempre tinha de fazer alterações no material que recebia de nossa fábrica. Como eram itens produzidos sob encomenda, a necessidade de acertos não fazia sentido. Aquelas modificações custavam dinheiro e tempo. Obviamente, ele não estava nem um pouco satisfeito com a situação.

Disse-lhe que lamentava muito tudo aquilo e que reuniria uma equipe interna para tratar do assunto o mais cedo possível. Ele pareceu pouco impressionado com a demonstração de interesse, embora eu tivesse a impressão de que minha franqueza era óbvia. "Não é que eu nunca tenha falado sobre isso com seu pessoal", disse ele, "mas eles não ouvem as nossas reclamações". Explicou que, quando identificava necessidades de mudança no produto ou no processo de fabricação, nosso pessoal fazia o que lhe pediam, mas poucas semanas depois o problema aparecia outra vez. "Voltávamos a pedir que mudassem as coisas, a pessoa com quem falávamos na sua empresa acenava com a cabeça, mas parecia não ouvir."

Ocorreu-me, então, que muito provavelmente apenas umas poucas pessoas de nossa empresa já tinham ouvido de viva voz as reclamações daquele cliente. Perguntei-lhe se, no dia seguinte, eu poderia mandar alguém de nosso staff à empresa dele, com uma videocâmera, para gravar aquela

Aumentar a urgência   19

reclamação. Estou certo de que ele ficou surpreso, mas insisti em que estava falando sério e que tinha a certeza de que aquilo seria útil para nossos negócios. Conversamos um pouco mais, e depois de alguns argumentos convincentes ele se mostrou disposto a topar a experiência.

E, assim, uma pequena equipe de nossa empresa o visitou no dia seguinte para fazer a filmagem. Pediram-lhe que fosse totalmente franco e que não deixasse passar nada, o que parece não ter sido muito difícil para ele. Tudo se resumiu em uma só tomada de trinta minutos. Depois de alguma edição, a cena ficou reduzida a quinze minutos.

De volta à fábrica, juntamos cerca de trinta pessoas numa sala de reuniões. Alguém ligou o aparelho de videocassete e a televisão, e eis que apareceu o cliente zangado.

A reação foi fascinante. Aquela gente não passava muito tempo com os clientes e sem dúvida jamais havia recebido um *feedback* negativo tão forte. Acho que alguns dos presentes consideraram aquilo um caso isolado, mas o fato é que ninguém desgrudava os olhos da telinha. Na verdade, tive a impressão de que alguns estavam boquiabertos. Obviamente, alguns dos presentes achavam que o cliente estava errado. "Ele não compreende." "Precisamos ensinar-lhe algumas coisas." "O motivo disso..." Mas as tentativas de defesa partiam de uma minoria.

Depois do vídeo, tivemos uma discussão sobre como resolver aqueles problemas e não reincidir nos mesmos erros, de modo a manter o cliente satisfeito. Muitos começaram a dar ideias. Como seria de esperar, algumas propostas eram muito pouco práticas; mas a discussão foi ótima.

Em outras ocasiões, mostramos o vídeo a cerca de 400 empregados, no total. Uns poucos sempre se mantinham na defensiva, mas muitos outros repetiam: "Temos de fazer alguma coisa sobre isso. Temos de fazer alguma coisa." Mais tarde, até os que ficavam em cima do muro pareciam mais propensos a escutar os clientes.

Depois daquilo, fizemos outros videoteipes. Não custava quase nada e o impacto era grande. Obviamente, essa não era a solução para todos os problemas, mas ajudou a remover uma séria barreira às melhorias. Herdamos essa fábrica quando adquirimos uma empresa que fora a líder de seu setor durante muito tempo. Os empregados talvez achassem que tinham todas as respostas. Eles eram os especialistas, os artífices qualificados. Sem dúvida, tinham muitas qualidades, mas não eram centrados nos clientes. A mentalidade era mais ou menos a seguinte: "Certo, tudo bem,

20   O Coração da Mudança

mas agora dá licença e me deixa fazer o meu trabalho, que eu conheço e você não. Afinal, o profissional aqui sou eu; você é uma chateação." Com essa atitude, é difícil sair da concha e fazer força para atender às necessidades dos clientes.

Sair da concha é o desafio central do passo 1.

As situações que compõem essa história e a anterior apresentam muitos pontos em comum. Ambas as organizações experimentaram períodos de grande sucesso no passado. Agora, as duas enfrentavam maiores pressões dos concorrentes e dos custos. Ambas precisavam mudar para estarem à altura dos desafios do século XXI. Mas veja como as histórias são drasticamente diferentes.

Na primeira, o foco concentrou-se sobretudo em conseguir que o comitê executivo dissesse sim, e o método baseou-se principalmente em análises que influenciassem o raciocínio. Na segunda, a ênfase convergiu para a falta de urgência entre os trabalhadores da fábrica (e provavelmente também entre a gerência). O método foi mostrar-lhes um vídeo que atingisse os sentimentos. A experiência proporcionou-lhes:

- Informações visuais concretas (não dados quantitativos abstratos, como "7,2% de nossos clientes...")
- Uma proposta de forte impacto (não um discurso enfadonho a respeito da orientação para os clientes)
- Um problema real, sob o ponto de vista dos clientes (não a opinião dos gerentes)
- Informações que falam às emoções ("O quê?", "Uau!")
- O envolvimento emocional de muita gente (não apenas dos chefes)
- Uma chance para conter os sentimentos de falso orgulho, sem a intervenção de um gerente zangado e ameaçador (não "seus idiotas!")

O resultado foi, em vez de aumentar o pessimismo, o medo e a raiva entre a maioria dos empregados, difundir o senso de urgência, melhor posicionando a organização para o lançamento do esforço

Aumentar a urgência **21**

de mudança. O fator crítico foi o vídeo — talvez de qualidade medíocre e produzido sem equipamento muito dispendioso, de modo que a sofisticação não foi sua fonte de poder. A intensidade do impacto decorreu da credibilidade de um cliente de verdade e da honestidade de seus comentários. Mas algo que se limitasse a "informações sobre os clientes" também poderia ter sido sintetizado num memorando de duas páginas. O vídeo gerou resultados surpreendentes porque foi muito mais cativante. As imagens são mais compatíveis com as características do cérebro humano, cujos circuitos e conexões foram montados ao longo de milhares de anos de evolução, para absorver em seus enlaces principalmente o que vemos, mas também o que ouvimos e tocamos. Os olhos captam massas de informações a cada segundo. Se alguém duvidar, basta comparar em seu computador os tamanhos de um arquivo de vídeo de um minuto de duração e de um arquivo de texto cuja leitura leve mais ou menos o mesmo tempo. E a informação visual não é descartada por algum processador da parte frontal do cérebro. Ela rapidamente atinge pontos mais profundos.

O vídeo foi apresentado num contexto seguro. Não se ouviam gritos do tipo "Se não consertarmos isso imediatamente, a empresa entrará pelo cano" ou "Quem é o responsável por esta maçada?" ou "Isso é o que temos de fazer e você começará amanhã". Assim, não se agravaram os sentimentos de medo e raiva. Na verdade, é até possível que o tom da apresentação tenha contribuído para atenuá-los.

Em "Conseguindo a aprovação dos chefes", a abordagem vender-o- -caso provavelmente aumentou a raiva, ao empurrar um projeto goela abaixo dos gerentes de divisão. E também é quase certo que tenha agravado o medo entre os indivíduos que não tinham ideia dos efeitos de uma nova tecnologia complexa. O método adotado pouco fez para atenuar esses sentimentos que promovem o comportamento complacente. Nada disso contribuiu para difundir o senso de urgência.

Obviamente, não há nada de errado em desenvolver argumentos de negócios e em obter a aprovação da alta gerência. Mas nos programas de mudança bem-sucedidos, essas rotinas são apenas parte de um conjunto de atividades mais amplo, que no conjunto visa a combater os sentimentos que solapam o senso de urgência. É evi-

O videotape do cliente zangado

Ver
Os empregados veem uma fita de vídeo de um cliente importante, furioso com a empresa. O indivíduo responsável pela apresentação desfruta de credibilidade e durante o evento não demonstra raiva e não faz ameaças (nada de "Agora vejam isso, seus imbecis!").

Sentir
A maioria dos empregados fica surpresa. Alguns demonstram medo e ira. Muitos sofrem um baque no falso orgulho e são dominados por um forte senso de urgência — "Precisamos fazer alguma coisa".

Mudar
Algumas pessoas começam a agir de maneira defensiva e agarram-se ao *status quo*. Em maior quantidade, várias outras começam (na base de tentativas) a identificar novos problemas, ouvindo os clientes e tornando-se mais abertas às mensagens da gerência sobre a necessidade de mudança. Numa organização de "artífices", onde todos se veem como especialistas e donos da verdade, essa é uma grande mudança de comportamento.

---

dente que informações e raciocínios não são intrinsecamente inúteis. Mas quando são elementos do processo de partida das iniciativas de mudança em grande escala, seu objetivo é respaldar um método mais poderoso, que ajuda os participantes a ver a verdade, a sentir de maneira diferente e a agir com mais urgência.

Desenvolvendo a mudança do tipo "visão" primeiro

Um dos motivos pelos quais se inicia processos de mudança com a formulação e a apresentação de alguma proposta é o intuito de assegurar a nitidez da direção. Como começar sem conhecer de antemão o rumo e o destino? Com pouco ou nenhum senso de direção no ponto de partida, será que a mudança não corre o risco de movimentar-se no caminho errado?

Lógica semelhante induz as pessoas a iniciar a mudança com a criação da visão. Formule a visão; transforme-a em realidade. É fácil encontrar histórias de sucesso nas quais o primeiro passo parece ser o surgimento de um líder visionário que trabalha com outros para desenvolver a visão.

Eis o que pode acontecer quando se começa com a criação da visão. A situação específica é a de uma crise a curto prazo, mas o mesmo tipo de resultados é comum em qualquer contexto.

Quando crocodilos estão beliscando os seus calcanhares

Nick Pearce

Precisávamos mudar drasticamente a organização se quiséssemos ser parte importante do futuro. Como nossos problemas eram muito visíveis, do tipo que configura uma crise, presumi que não seria necessário perder muito tempo na tentativa de chamar a atenção das pessoas. Assim, nos primeiros dois ou três meses, passei todo o tempo procurando facilitar o debate entre os membros da equipe executiva. Falávamos em termos de grande quadro. Quais são os principais temas da mudança? O que seria uma boa visão? Trabalhei duro em tudo isso.

No entanto, ficava cada vez mais difícil reunir a equipe sênior para esse tipo de conversa. Tinha de caçá-los insistentemente para garantir a presença de cada participante, mesmo depois de meus telefonemas de "confirmação", para lembrar-lhes que a reunião ainda estava de pé. Quando tomava conhecimento de que alguém não estaria presente, analisava a situação para ver se havia como revertê-la. Ainda assim, depois de tangê-los como rebanho para a sala, alguém sempre dizia: "desculpe, mas tenho uma reunião importante que começa daqui a uma hora e terei de sair mais cedo". E em nada ajudava o fato de eu não ser o chefe deles.

Sem muito entusiasmo e com pouca participação, o resultado final não foi muito bom. Realmente conseguimos colocar no papel algo parecido com uma visão. Mas tudo não passou de um exercício formal. A atenção dos executivos divagava entre outros temas. Na minha opinião, minhas notas seriam 10 em 10 por esforço e 0 em 10 por resultados.

24   O Coração da Mudança

Na época, não me dei conta de como eram grandes os problemas imediatos. Precisava-se negociar e compreender novos contratos. A programação das atividades de produção e manutenção devia ser atualizada o tempo todo, levando em conta a variedade de fornecedores e as restrições orçamentárias. E ainda havia a necessidade de implementação de novos sistemas para aumentar a eficácia do planejamento dos serviços. A certa altura, nosso horizonte de programação era de apenas três semanas, ao passo que, em situações normais, seria de alguns meses. Juntando-se tudo isso, a conjuntura era de fato assustadora. Para os que tinham muitas atribuições, acho que a impressão era a de que a casa estava em chamas.

E assim mudei todo o meu foco. Em vez de dizer "Vamos passar a sexta-feira trabalhando na declaração da visão", dizia "Nosso programa de manutenção está rasgando nas costuras e acho bom fazer alguma coisa com urgência". Essa tática conquistou a atenção da equipe sênior e começou a fazer diferença. Mas então, ao mesmo tempo em que apagávamos os incêndios, desencadeamos uma discussão sobre o que teríamos de fazer no futuro para evitar problemas semelhantes. E enquanto tratávamos das coisas em que deveríamos gastar dinheiro agora, sem perda de tempo, para garantir o rescaldo do incêndio, também conversávamos um pouco sobre como estruturaríamos o programa de investimentos no futuro. Isso ajudou a desbravar a trilha para os temas realmente grandes, despertando o interesse e o senso de urgência em relação à premência de mudanças mais amplas. Desde o início essa teria sido a melhor abordagem.

Hoje, estou convencido de que não se pode e não se deve concentrar o foco na visão e na transformação a longo prazo quando a casa está pegando fogo. Quando se está comprometido em ajudar os chefes a construir a organização e se veem todas as mudanças frenéticas no ambiente de negócios, com plena consciência da magnitude das transformações necessárias na organização, a tendência é embarcar no processo em grande escala. Mesmo quando se reconhece o tamanho da crise imediata, o que se pretende é usar a conjuntura apenas para chamar a atenção das pessoas e depois disparar na frente em busca da visão. No nosso caso, essa abordagem não produziu o resultado almejado de induzir as pessoas a empolgar-se pelos grandes temas. Em absoluto.

Quando os crocodilos estão mordiscando o seu pé, é preciso cuidar primeiro dos répteis. Até certo ponto, pelo menos, acho que primeiro é necessário controlar a crise. A atenção deve voltar-se para o combate às grandes chamas e depois para o rescaldo dos focos remanescentes, a fim de evitar novos incêndios. Do contrário, não restará energia para as transformações mais amplas e, nas piores situações, os problemas serão tão grandes que jamais se construirá uma grande organização.

Um CEO, não o nosso, que um dia assumiu uma empresa doente, afirmou: "A última coisa de que precisamos agora é visão." Na época, não entendi o ponto. Hoje, compreendo a afirmação.

O CEO foi provavelmente Lou Gerstner, depois que assumiu a IBM. Quando ele disse isso, muita gente não alcançou o significado da observação. Contudo, o mais importante para a IBM naquela conjuntura, como em "Crocodilos", era primeiro estancar a sangria para, em seguida, gerar um mínimo de senso de urgência em relação à grande tarefa pela frente. Visão ainda não era o mais relevante no momento, nem de longe. É até possível que Gerstner já houvesse desenvolvido em sua mente uma visão embrionária. Mas esse não era o principal desafio organizacional e o refinamento da visão não foi o tema a que, de início, dedicou seu tempo.

O tema mais geral é saltar à frente. É o que se faz o tempo todo, especialmente no estágio 3, o passo da visão. Age-se assim em crises imediatas, como em "Crocodilos", e em situações sem qualquer tipo de crise. Pular logo para a visão ou, talvez, com frequência ainda maior, para a estratégia, é tentador, pois parece muito lógico. Obviamente, é impossível promover mudanças sensatas sem uma estratégia sensata. Assim, a definição da trajetória parece ser a prioridade. Em seguida, parte-se para a implementação, por meio de algum tipo de "gestão da mudança".

O problema com essa abordagem lógica é que visões e estratégias de mudança realmente boas são cada vez mais difíceis. O mundo é complexo e a turbulência torna-se cada vez maior. Até mesmo as questões com que se defrontam uma pequena empresa ou um pequeno departamento de uma grande empresa às vezes são por demais complexas. A ideia do herói solitário que de repente é iluminado pela epifania da visão é cada vez mais um mito. Precisa-se de uma equipe com as pessoas certas, de um forte comprometimento com o trabalho duro e da capacidade de atuar como grupo. A formação

26 O Coração da Mudança

dessa equipe (passo 2) é anterior ao desenvolvimento da visão (passo 3). Por sua vez, o senso de urgência (passo 1) torna muito mais fáceis a identificação das pessoas certas e a promoção do comprometimento com o trabalho duro e com cada membro da equipe.

Mas há uma exceção. Se o senso de urgência já é alto e a equipe certa já foi constituída, o passo 1 do processo, sob certo aspecto, passa a ser a construção da visão. Entretanto, com muita frequência, os pioneiros do processo de transformação erram no julgamento quanto à intensidade da urgência já existente em relação à mudança em grande escala. "Nosso pessoal sabe que precisamos de grandes mudanças e todos estão preparados para a tarefa", diz o líder. "Ah, nem todos, mas o bastante", talvez seja a opinião de alguns outros. Mas quando se conversa com as pessoas na organização, inclusive com algumas cujo papel é importante na criação da visão, descobre--se que muitas se satisfazem com alguns remendos rápidos, outras acham que já estão muito ocupadas para enfrentar novos desafios, e ainda outras estão convencidas de que a situação vai muito bem, obrigado. Os defensores da prioridade da visão às vezes também se enganam na avaliação da equipe de mudança. Não percebem que o grupo foi ótimo no passado, mas é inadequado no presente e não serve para imaginar o futuro. Ou talvez não se deem conta de que a equipe não se entrosa bastante bem para um grande processo de mudança.

Repetindo: Quando se têm suficiente urgência e uma equipe bastante boa, o passo 1, sob certo aspecto, é a construção da visão. Mas com que frequência essa é realmente a situação?

Crises, plataformas em chamas e medo

"Crocodilos" sugere outra importante lição a respeito de crise e medo.

Uma vez que movimentar a montanha de uma empresa é por vezes missão quase impossível, não raro se raciocina, com lógica, que uma crise, de origem externa ou interna, é fator imprescindível. Em outras palavras, não tente persuadi-los, ateie fogo às suas calças.

Há uma certa verdade nisso. Alguém poderia argumentar que em "O Videoteipe do Cliente Zangado", o protagonista criou uma espécie de minicrise. Todavia, com maior frequência, quando se fala em crise, a imagem que vem à mente é a de plataformas em chamas, forçando as pessoas a abandonarem suas posições confortáveis. Tudo bem. As plataformas em chamas às vezes funcionam, mas também criam situações de pânico que paralisam a ação. Há quem pense que o medo é bom para as pessoas, forçando-as a deixar de lado a complacência. É até possível que isso seja verdade. Mas na mudança em grande escala, se o medo não se converter em senso de urgência positivo, imprimindo velocidade à ação, o sentimento pode transformar-se em inibidor, em vez de em impulsor. Quando o medo é grande, muita gente se concentrará na fonte de ansiedade imediata, esquecendo todo o resto, como em "Crocodilos". Algumas correrão para os extintores de incêndio, apagarão as chamas e retornarão à plataforma. Outras ficarão paralisadas de medo, se esconderão ou ficarão obcecadas pela autoproteção. E muitas outras começarão a pensar: "Quem quer saber da organização? Eu não quero morrer."

Esse ponto é muito importante. O medo por vezes induz à ação e é capaz de demolir muralhas de concreto. Mas ainda não vimos grandes transformações cuja principal força *sustentadora* tenha sido o medo. A urgência catalisa a mudança. Quando estamos frustrados e aborrecidos com a organização, é até possível que o medo pareça uma grande ideia. Mas esse sentimento nunca é suficiente para impulsionar a mudança ao longo dos passos 2 a 8, pois as pessoas acabam enfatizando a autopreservação em vez da transformação organizacional. Quando a sobrevivência é a meta número 1 de 50 ou de 50.000 pessoas, o que ocorre quando se tenta formar uma equipe de orientação, cujos membros trabalhem juntos de maneira coesa e integrada? O que acontece quando se pede às várias unidades para coordenar criativamente suas ações? O que sucede se Fred conseguir executar suas tarefas críticas apenas se Helen sacrificar-se nos bastidores?

Mas sou apenas um dente de engrenagem

Às vezes, compreendemos esses aspectos referentes a medo, raiva, complacência, urgência e crise, mas pouco contribuímos para deflagrar o esforço de mudança, pois nos sentimos impotentes para tanto.

28   O Coração da Mudança

"Não sou o chefe. Em face de todas as restrições a que estou sujeito, o que sou capaz de fazer?" O pessoal, de um modo geral, pode sentir-se assim; os gerentes de nível médio podem sentir-se assim; os vice-presidentes executivos (no duro!) podem sentir-se assim. A sensação "eu não sou bastante poderoso" às vezes é muito intensa, muito debilitante e tremendamente frustrante.

Em certas circunstâncias, as limitações e a falta de poder são esmagadoras. No entanto, mesmo assim, a ação é quase sempre possível.

Eis nossa história favorita referente ao passo 1. Como se verá, os principais atores estão longe de ser o CEO.

Luvas sobre a mesa de reuniões

Jon Stegnor

Tivemos um problema com todo o nosso processo de compras. Estava convencido de que estávamos desperdiçando e continuaríamos a desperdiçar muito dinheiro, e que nem mesmo sabíamos qual era o tamanho do esbanjamento. Achava que tinha a oportunidade de reduzir os custos de compras não em 2%, mas em algo da ordem de US$1 bilhão nos próximos cinco anos. Uma mudança desse tamanho significava grandes transformações no processo. Isso não seria possível, contudo, a não ser que muita gente, especialmente na alta gerência, percebesse a oportunidade, o que não era o caso da maioria. Assim, nada aconteceria.

Para ter uma ideia da magnitude do problema, pedi a uma de nossas estagiárias que realizasse um pequeno estudo do quanto pagávamos pelos diferentes tipos de luvas que usávamos em nossas fábricas e quantas modalidades diferentes adquiríamos. Escolhi apenas um item a bem da simplicidade, de preferência alguma coisa que fosse utilizada em todas as unidades de produção e que todos visualizássemos com facilidade.

Ao concluir o projeto, a estagiária relatou que nossas fábricas compravam 424 espécies diferentes de luvas! *Quatrocentas e vinte e quatro!* Cada fábrica tinha seu próprio fornecedor e seus agentes de compras negociavam o preço. A mesma luva podia custar US$5 para uma fábrica e US$17 para

Aumentar a urgência **29**

outra. Esses valores talvez não pareçam muita coisa, mas compramos *enorme* quantidade de luvas, e esse era apenas um exemplo de nossos problemas em compras. Quando analisei suas descobertas, nem mesmo eu conseguia acreditar que as coisas estivessem tão ruins.

Durante seus estudos, a estagiária conseguiu uma amostra de cada um dos 424 tipos de luvas. Para melhor visualização, ela afixou uma etiqueta em cada luva, indicando o preço e a fábrica onde era utilizada. Em seguida, classificou as amostras por divisão e por tipo de luva.

Na primeira oportunidade, reunimos todo o material e o arrumamos sobre a mesa da sala de reuniões. Então, convidamos os presidentes das divisões para visitar a exposição. O que viram foi uma grande mesa de estilo refinado, sobre a qual geralmente só se viam alguns papéis e uns poucos adornos, agora atulhada com altas pilhas de luvas. Cada um de nossos executivos olhou com algum espanto para aquele mostruário durante alguns momentos. Depois cada um observava, invariavelmente, qualquer coisa do tipo "Nós compramos todos esses tipos de luvas?" Bem, de fato, é isso mesmo. "No duro?" Sim, é verdade. Então, davam a volta em torno da mesa, olhando com atenção. Acho que a maioria procurava identificar as luvas de sua fábrica. No processo, inevitavelmente, viam os preços, constatando que duas luvas que pareciam exatamente iguais custavam, por exemplo, US\$3,22 e US\$10,55.

Dificilmente pessoas daquele nível não têm nada a dizer, mas naquele dia ficaram de boca fechada.

A exposição logo ganhou notoriedade. As luvas tornaram-se parte de nosso espetáculo itinerante. Percorreram todas as divisões da empresa e foram exibidas em dezenas de fábricas. Muita gente teve a oportunidade de observar aquelas pilhas de luvas. E o show reforçou em todos os níveis da organização a ideia de "como a coisa era séria".

Com base em outras pesquisas, de novo realizadas com rapidez e a baixo custo por um de nossos estagiários, descobrimos quais eram as práticas de alguns de nossos concorrentes. E, assim, acrescentamos um novo número ao espetáculo itinerante: o *benchmarking* competitivo. Como resultado, recebemos a incumbência de mudar a situação. E ainda insistiram em que precisávamos agir com rapidez, o que logo foi feito, estancando o desperdício e gerando recursos para iniciativas mais sensatas.

Ainda hoje se comenta sobre a história das luvas.

30   O Coração da Mudança

E é fácil entender por que o impacto foi tão intenso.

Os protagonistas de "Luvas" não são os chefes. Um desses destaques foi uma estagiária. Esses atores, contudo, mesmo não pertencendo ao alto escalão gerencial, contribuíram para o lançamento de uma iniciativa que mudou radicalmente o processo de compras numa grande organização e economizou centenas de milhões de dólares.

O enredo adotado pelo elenco foi semelhante ao de "Videoteipe de um cliente zangado". Sensibilizar as emoções por meio de evidências concretas e quase perceptíveis pelo olfato, em vez de apenas desenvolver aquelas abstrações tão acalentadas pelas mentes racionais. Buscar provas visíveis, não somente palavras e números. Engendrar situações dramáticas e cativantes, embora baseadas em fatos honestos e, de modo algum, coercitivas. Em consequência — e esse é o ponto-chave — avivam-se e mudam-se os sentimentos, mas sem provocar reações debilitantes, do tipo "eu vou morrer", ou contra-ataques irados e destrutivos. Em vez disso, exacerba-se o senso de urgência e deflagra-se a iniciativa de mudança.

Barata e fácil

Tanto "Luvas" quanto "Videoteipe" levantam outra questão importante. Ajudar a preparar a organização para a mudança em larga escala não exige milhões de dólares e muitos meses de ensaio. Muito pode ser feito com rapidez e sem grandes despesas.

Eis um terceiro exemplo de uma iniciativa barata e fácil, que ajudou a resolver os problemas do passo 1. Neste caso, em vez de vídeos e luvas, encontramos retratos.

A galeria de retratos dos CEOs

Ron Marshall

Quando se entrava no saguão do edifício de nossa sede corporativa, encontrava-se uma recepcionista bem à frente, uma pequena área de espera à esquerda, com poltronas, e uma mesa com café e revistas para manter os visitantes ocupados. Na parede oposta, viam-se uns dez retratos de ex-CEOs, com fisionomias austeras. Era uma espécie de ambiente híbrido

Aumentar a urgência **31**

de galeria de arte e relicário. Qualquer pessoa que transitasse pelo saguão, itinerário obrigatório para quem entrasse ou deixasse o prédio, dava de cara com os retratos. Lá estavam todos os CEOs desde 1885, abrangendo a jornada completa ao longo do século passado. Imagens cheias de formalismo, pintadas a óleo, glorificavam os CEOs e o passado. Toda aquela plêiade notável destacava-se naquele ponto de passagem obrigatória havia anos, olhando com benevolência paternalista a multidão itinerante.

A galeria destinava-se a ser um tributo a um grupo de pessoas que fizeram a história da organização, ao mesmo tempo em que demonstrava o senso de continuidade. Mas também era uma visão retrospectiva, numa era em que olhar para trás muitas vezes significa não ver o abismo logo adiante. Era um símbolo de sucesso infindável, numa época em que não éramos assim tão prósperos. Representava um tributo à importância do CEO (e, sutilmente, à irrelevância dos não CEOs). Sugeria um confronto entre "nós" (os CEOs) e "eles" (todos os demais). Além disso, aquele ambiente era de fato um relicário. O único lugar em que vi algo semelhante àquilo foi na Woolworth. E a Woolworth não é um bom exemplo de uma empresa do século XXI.

Um dia, dois de meus executivos observou: "E quando vão colocar o seu retrato lá?" Não hesitei em responder "Nunca". Pouco depois daquela conversa, retirei todos aqueles velhos retratos. Simplesmente redecoramos o ambiente, não deixando vestígios do passado. Numa empresa tradicional como a nossa, aquilo foi um choque. Os comentários sobre aquela ação isolada difundiram-se com mais rapidez do que qualquer discurso formal.

Poderíamos simplesmente ter removido os retratos, sem nada colocar no lugar. Uma alternativa seria decorar o ambiente com outra modalidade de arte, talvez reproduções de peças de museu. Uma hipótese talvez fosse pendurar na parede fotografias do atual Conselho de Administração ou quem sabe de nossas instalações e produtos. Qualquer dessas ideias teria seu significado. Mas não fizemos nada disso. No lugar dos retratos dos CEOs penduramos fotografias das lojas de nossos clientes.

Não eram obras de arte caras, de algum fotógrafo famoso. Apenas fotografias das lojas de nossos clientes. Também isso foi amplamente comentado em toda a organização.

Pouco depois da colocação das novas fotografias, vários membros da equipe executiva começaram a dizer que era hora de concentrar a atenção nos clientes. No refeitório, ouvi uma conversa entre dois de nossos em-

32 O Coração da Mudança

pregados. Um deles disse que realmente gostou da ideia de tirar da parede aqueles velhos retratos. "Se o Ron realmente estiver falando sério sobre esse negócio de melhorar os serviços aos clientes, precisamos de uma nova perspectiva, em vez de ficar sempre repetindo a velha ladainha de 'somos ótimos'."

A mudança foi pequena, mas produziu um grande impacto. As pessoas passaram a prestar mais atenção aos clientes e às suas exigências. Sem isso, sem perceber como as necessidades dos clientes estavam mudando e como não correspondíamos às novas expectativas, não chegaríamos a lugar algum.

Um colega nosso, o psicólogo de Harvard Stephen Kosslyn, sugere uma alternativa interessante para este caso, mas que ainda usa o método mostrar/sentir. Por que não colocar na parede novos conjuntos de quadros, cada conjunto com três componentes: um ex--CEO no canto inferior esquerdo, olhando para a direita, um prédio da empresa na época de seu mandato, diretamente acima do CEO, e uma loja típica dos clientes, também daquele tempo, à direita de ambos, pergunta ele. Boa parte do espaço ainda seria de fotografias de lojas, mas agora com um CEO olhando para elas. Com este posicionamento, a mensagem implícita é um pouco diferente. Com os CEOs voltados para as lojas, os retratos sugerem um foco mais agudo nos clientes. Já a evolução dos prédios transmite a ideia de adaptação à mudança. A abordagem manteria o impacto de uma forte surpresa visual, mas despertaria menos raiva entre os indivíduos que preservassem laços emocionais mais intensos com os ex-CEOs e com o passado da empresa.

Obviamente, uma iniciativa barata e fácil está longe, muito longe, de ser uma bala de prata. Em algumas situações, sobretudo quando a organização ainda é muito próspera, talvez se precise de videoteipes, mudanças de retratos e muito mais. Com efeito, muita gente está adotando medidas semelhantes neste exato momento em que você lê este livro. Os líderes de mudança estão trazendo gente de fora, pessoas que já cultivam o senso de urgência. Quando a experiência é bem conduzida, o comportamento dos neófitos atrai a atenção de maneira muito proveitosa. Também estão descobrindo novas maneiras de levar seu pessoal, colegas e chefes a visitar outras empresas. As práticas nitidamente superiores de outras organizações conquistam a atenção. Outro recurso é a promoção de eventos executivos anuais, que rompem totalmente com a tradição. O fato de os executivos nesses encontros atuarem (em vez de apenas falarem) com um forte senso de urgência também chama a atenção. Procedimento cada vez mais comum é convidar clientes importantes, com mensagens surpreendentes, para participar de reuniões gerenciais internas. Quando bem conduzidas, todas essas experiências instigam o senso de urgência e posicionam a empresa para uma arrancada vigorosa no esforço de transformação.

Um exercício que talvez ajude

(Você pode fazer este exercício sozinho, mas é melhor com alguns amigos.)

1. Na unidade organizacional na qual você exerce alguma influência (toda a empresa, divisão, departamento), constata-se a necessidade de mudança em grande escala? Seus concorrentes estão saltando à frente, enquanto sua organização mantém o mesmo passo de sempre? Você está atolado no passado? Será que existem novas oportunidades que exigirão mudanças expressivas? Em caso positivo,
   - Qual o grau de urgência referente a essas ameaças ou oportunidades?
   - Que comportamentos, não apenas palavras, o levam a essa conclusão?
   - Que fatores criam e respaldam esse comportamento e os sentimentos a ele subjacentes? Considere as seguintes possibilidades; sucesso histórico; sistemas inadequados para medir as realizações de hoje em comparação com referenciais externos; falta de contato com os clientes; símbolos que não têm nada a ver com a atual realidade do mercado; exemplos ostensivos de excessos e desperdícios, quando outros estão ganhando a batalha e os custos sofrem

34   O Coração da Mudança

restrições crescentes; atitudes introspectivas dos chefes; ausência de informações amplamente compartilhadas sobre o desempenho da empresa em comparação com os concorrentes; excesso de exaltação pela alta gerência, sem muito contato com o mundo real; padrões de desempenho geralmente baixos, em confronto com os concorrentes; cultura do tipo "mata o mensageiro", com baixo grau de franqueza e abertura; metas parciais ou locais com base nas quais uma subunidade parece apresentar bom desempenho, enquanto o navio afunda.

2. O que pode ser feito que ao mesmo tempo seja drástico, arrebate a atenção e fique na memória, a fim de atacar o problema do baixo senso de urgência?

- É possível chamar a atenção para algo óbvio, mas ignorado, como um cliente insatisfeito?
- É possível criar algo novo, que saliente os problemas existentes, como em "Luvas" ou "Galeria de Retratos"?
- É possível fazer algo indireto — como mostrar ao chefe o quanto seus subordinados estão fomentando a complacência entre o pessoal?
- Caso jamais tenha feito alguma dessas coisas antes, você conseguiria encontrar um colaborador já experiente nesse tipo de abordagem?
- Observação: ao pensar nessas questões, procure respostas baratas e fáceis. Lembre-se de que todos estão envolvidos com o gerenciamento de uma organização e com a produção e entrega de produtos e serviços. Seja realista e oportunista.

3. Cuidado!

Lembre-se de que os relatórios e apresentações analíticas, com suas respostas e reações, até podem fazer diferença, desde que se conte com as pessoas e os recursos certos. Mas se não forem visualmente cativantes, dramáticos, arrebatadores e memoráveis, seu impacto provavelmente será muito limitado.

PASSO I

Aumentar a urgência

Desperte o sentimento de urgência, de modo que as pessoas digam "Vamos!", posicionando o esforço de mudança na plataforma certa para o lançamento.

O QUE FUNCIONA

- Demonstrar a premência da mudança, por meio de objetos irresistíveis que as pessoas possam realmente ver, tocar e sentir.
- Apresentar evidências drásticas e consistentes, oriundas do ambiente externo, que comprovem a necessidade da mudança.
- Buscar continuamente maneiras baratas e fáceis de combater a complacência.
- Jamais subestimar a intensidade da complacência, da raiva e do medo, mesmo em organizações saudáveis.

O QUE NÃO FUNCIONA

- Concentrar-se exclusivamente no desenvolvimento de argumentos de negócios "racionais", conseguir a aprovação da alta gerência e partir para a implementação às pressas, ignorando quase totalmente o amplo espectro de sentimentos que bloqueiam a mudança.
- Ignorar a falta de urgência e passar imediatamente para a criação da visão e da estratégia.
- Acreditar que, sem crises e plataformas em chamas, não se chega a lugar algum.
- Achar que pouco se pode fazer quando não se é o chefe.

HISTÓRIAS PARA LEMBRAR

- Conseguindo a aprovação dos chefes
- O videoteipe do cliente zangado
- Quando crocodilos estão beliscando os seus calcanhares
- Luvas sobre a mesa de reuniões
- A galeria de retratos dos CEOs

| PASSO 1 |
| AUMENTAR A URGÊNCIA |

| **PASSO 2** |
| **CONSTRUIR A EQUIPE DE ORIENTAÇÃO** |

| PASSO 3 |
| DESENVOLVER A VISÃO CERTA |

| PASSO 4 |
| COMUNICAR-SE PARA PROMOVER A COMPRA |

| PASSO 5 |
| EMPOWERMENT PARA A AÇÃO |

| PASSO 6 |
| PROPICIAR VITÓRIAS A CURTO PRAZO |

| PASSO 7 |
| NÃO PERMITIR O DESÂNIMO |

| PASSO 8 |
| TORNAR A MUDANÇA DURADOURA |

PASSO 2

Construir a Equipe de Orientação

O SENTIMENTO DE URGÊNCIA É DE GRANDE AJUDA na hora de formar o grupo certo para o direcionamento da mudança e de promover o indispensável trabalho em equipe entre os vários participantes. Quando há urgência, mais pessoas se dispõem a fornecer liderança, mesmo à custa de riscos pessoais iminentes, e a participar do esforço, ainda que sem recompensas pessoais imediatas. Mas necessita-se de outras iniciativas para que a equipe de orientação realmente seja dotada de suficiente confiança, comprometimento emocional e espírito grupal para levar o trabalho a bom termo. Este é o passo 2 da jornada.

38   O Coração da Mudança

Quando a equipe não é equipe

Um problema comum nessa segunda fase é a situação em que as pessoas que deveriam impulsionar a mudança não estão exercendo suas funções e ninguém quer enfrentar a realidade.

Azuis *versus* verdes

Gary Lockhart

Ninguém queria admitir e o assunto era proibido, mas atuávamos como duas gangues adversárias, Azuis *versus* Verdes. Não lutávamos porque alguém disse: "Espero que vocês sejam amigos e simpáticos uns com os outros." Mas só não atacávamos o inimigo porque havia "tiras" por perto.

Tudo começou com a fusão. Sabíamos que era necessário trabalhar em conjunto a fim de criar uma nova empresa. Isso era muito importante, pois, embora o público imaginasse que empresas como as nossas eram iguais, a premissa revelou-se falsa. Nossas duas empresas tinham produtos diferentes, pontos fortes e pontos fracos diversos, além de culturas díspares. Precisávamos definir se o amálgama seria mais como empresa A ou empresa B, e convertê-lo em realidade.

Ninguém queria falar sobre o problema em público, mas sabíamos que a gerência sênior não estava à altura da missão. Os dois grupos procuraram um instituto muito conhecido para pensar e conversar. Leram e escutaram ideias de livros consagrados e de sábios notórios. Expuseram suas conclusões num trabalho vistoso e vultoso. Tudo muito civilizado. Se alguém perguntasse se agora eram uma equipe, a resposta talvez unânime seria: "Sim. Agora somos uma equipe com valores comuns. Sabe, os valores estão lá, afixados no quadro." Mas nada disso era verdade.

Não se resolveu muita coisa naquela reunião ou depois, porque a comunicação aberta e honesta era escassa. Quando não se gostava de alguma coisa, ninguém falava com franqueza. Apenas reprimiam os maus sentimentos.

As conversas típicas eram mais ou menos do seguinte tipo: "Acho que Jerry Johnson é a melhor pessoa para preencher a vaga no grupo de marketing. Ele tem 16 anos de experiência e ótimos antecedentes. É muito qualificado em X e Y e não se esquece de Z." Essa era a opinião de alguém da equipe

Verde. Obviamente, Jerry também era membro da mesma equipe. Então, alguém da equipe Azul retrucava: "Bem, Jerry de fato parece excelente, mas nessa posição o principal desafio é ser isso e aquilo, e receio que Jerry, embora brilhante, não tenha essa experiência. Mas Fred Jones preenche esses requisitos." Fred, evidentemente, é da equipe Azul. E, então, um jogador da equipe Verde revida: "Esse seu ponto é muito importante, mas acho que, se você examinar o assunto com cuidado — e eu conheço o Jerry e posso dizer isso com muita segurança — verá que ele aprenderá a enfrentar essa situação com muita rapidez. Ele pega as coisas no ar." Mas, ao mesmo tempo, quase que se ouvia a mesma conversa num canal subliminar, onde o realmente importante era: "Vocês estão conquistando muitas posições importantes. Se vocês não pararem essa invasão de terras, vamos arrancar o couro do seu pessoal." "Ah, querem partir pra briga agora? São sete contra cinco, e os sete são nossos. Vocês querem mesmo sair no pau? Não se esqueçam de que o apelido de nosso líder é O Decapitador." "Ah, então é assim? Vocês já foram muito longe. Nosso Larry não tem pena de bater e sabe usar uma corrente como ninguém."

Mas ninguém estava disposto, ou pelo menos ninguém conseguia imaginar uma maneira de conversar em público sobre o assunto. Aquela politicagem relacionada com a fusão era muito difícil. Enquanto isso, os problemas de negócios ficavam cada vez piores.

Assim, a "nova" empresa não alcançava as "sinergias" e as economias de escala prometidas na proposta de fusão. Pior ainda, reduzia a velocidade para 80 km por hora, num mundo onde a morosidade é sentença de morte. Depois de um rápido impulso, decorrente do anúncio da transação, as ações da empresa retomaram a tendência de queda.

Em face da fragmentação no topo, a coesão na base e nos níveis intermediários não era suficiente para desencadear as mudanças não incrementais necessárias à integração. A certa altura, movido por pura frustração, o CEO tentou contornar a equipe sênior. Mas ele sabia, ao menos intuitivamente, que a abordagem seria inútil. Mesmo uma pessoa extremamente talentosa não dispõe de suficiente tempo, habilidades, reputação, ligações, capacidade de liderança e energia para liderar a mudança sozinho, exceto em pequenos grupos. Alguém na

40 O Coração da Mudança

empresa, novamente agindo em desespero, sugeriu que se delegassem grandes fatias do trabalho de mudança a forças-tarefas. Essa estratégia não era incomum e, em situações semelhantes, surtiu pouco efeito. Quando o CEO é incapaz de fazê-lo, por que cargas d'água um grupo de nível inferior conseguiria melhores resultados?

Cerca de um ano depois, contratamos um facilitador respeitado para dirigir uma reunião gerencial. Reunimos cerca de 100 de nossos executivos mais importantes na área de conferências da Northwestern University. Pela primeira vez, realmente começamos a tratar das verdadeiras causas do problema, que era, obviamente, a própria equipe da alta gerência.

O facilitador que tentava orientar-nos ao longo do processo acabou manifestando toda a sua frustração e raiva. Ele percebeu com nitidez que estávamos sendo excessivamente maneirosos e cautelosos em nossas abordagens e que nos recusávamos a enfrentar as questões mais relevantes. Acho que finalmente ele concluiu que tudo aquilo era inútil, a não ser que estivéssemos dispostos a promover uma autoanálise franca. E ao expressar essa opinião, foi o primeiro a falar sobre a divisão em equipes Azul e Verde.

Depois que o facilitador criou condições para a catarse, a reunião do dia seguinte foi cheia de "conflitos honestos". Depois que paramos de morder a língua, as questões gerenciais emergiram de maneira muito mais direta do que nunca, por meio de um diálogo muito mais aberto e menos politicamente correto. As pessoas começaram a revelar seus verdadeiros sentimentos. "Isso é o que estávamos querendo dizer. Precisávamos pôr isso para fora." Acho que foi um grande alívio extravasar todas aquelas frustrações e ressentimentos acumulados e oferecer à outra parte uma chance de resposta. Se nada mais conseguimos, pelo menos saímos dali com mais respeito uns pelos outros.

A partir daquele ponto, nossa "equipe de liderança" finalmente começou a agir como equipe de liderança. "Tivemos aquela reunião e agora tudo parece bem melhor." Acho que o efeito de tudo aquilo foi criar condições para que déssemos a partida. E quando o gênio sai da garrafa é difícil prendê-lo de novo. Desde então, a jornada de reconstrução da empresa tem sido longa. Mas aquele evento iniciou um diálogo mais aberto, que nos ajudou a promover a confiança e, por fim, a construir uma equipe de verdade.

Construir a equipe de orientação **41**

Essa empresa ignorou, de início, o desafio do passo 2, para depois atacá-lo com uma abordagem excessivamente intelectualizada sobre "valores". Em ambos os casos, os sentimentos subjacentes, que redundavam em fragmentação, solapavam a construção de uma equipe de orientação de fato poderosa e inibiam o progresso, foram evitados a todo o custo. Essa dinâmica foi interrompida apenas quando alguém se comportou de maneira emocionalmente honesta e aberta, falou o indizível, ligou-se aos sentimentos alheios, e foi capaz de fazer tudo isso e sair ileso. E assim começou a formar-se, vagarosamente, uma equipe capaz de impulsionar a mudança.

Os detalhes de "Azuis *versus* Verdes" talvez sejam idiossincráticos, mas o problema básico não é assim tão inusitado. A mudança em grande escala não apresenta bons resultados sem uma poderosa força norteadora. Uma equipe gerencial fragmentada é incapaz de realizar o trabalho, ainda que cada membro tenha muita força como pessoa. Um CEO heroico também não funciona — o dia não é bastante longo para que até o mais poderoso executivo empreenda sozinho a mudança. Forças-tarefas de baixo nível às vezes são motivo de piada — a não ser que você seja um de seus membros, situação na qual a zombaria pode ser muito mais dolorosa do que engraçada.

Precisa-se de algo mais.

Reunindo uma equipe de orientação eficaz

As equipes de orientação poderosas possuem duas características. Compõem-se das pessoas certas e são capazes de atuar em conjunto. "Pessoas certas" são aquelas com habilidades adequadas, capacidade de liderança, credibilidade pessoal e ligações suficientes para lidar com um tipo específico de mudança organizacional. Não nos referimos a "indivíduos bons", em qualquer sentido genérico. Nem necessariamente à atual gerência sênior.

Muitos fatores contribuem para que se atribua responsabilidade a pessoas erradas, dos quais o mais fundamental é a história. As fusões, como a que ocorreu em "Azuis *versus* Verdes", às vezes deixam no topo grupos que se constituíram por influência política. O sucesso em demasia não raro entrega as organizações aos cupinchas dos cupinchas. Entretanto, em vez de enfrentar os resíduos da

Azuis *versus* verdes

Ver
Uma fonte confiável afronta ostensivamente a questão — não há uma "equipe" orientando a maciça integração das culturas que se juntaram em decorrência da fusão. Ela observa, corretamente, que existem duas equipes concorrentes, embora a gerência nem mesmo admita a existência do problema, e muito menos tente lidar com ele. Depois que o facilitador escapa incólume do atrevimento de falar com honestidade, outras pessoas também ousam referir-se em público aos temas que realmente afligem a organização.

Sentir
Os participantes ficam chocados. Depois, alguns dos presentes, pela primeira vez, sentem-se otimistas por conseguirem, finalmente, abordar o verdadeiro problema. A frustração e a raiva diminuem.

Mudando e vendo a mudança
Aos poucos e experimentalmente, a equipe de orientação passa a desenvolver conversas honestas sobre as dificuldades. Esses entendimentos não são de modo algum fáceis, mas acontecem, e ao vivo, não por e-mail, e assim cada membro do grupo começa a ver a interação.

Sentir
A desconfiança entre os membros dos dois grupos passa a decrescer; o otimismo aumenta; a raiva continua diminuindo.

Mudar
Pela primeira vez, a equipe que deve orientar a mudança passa a agir menos como duas gangues antagônicas e mais como um só grupo coeso.

Construir a equipe de orientação **43**

história e promover as mudanças necessárias, frequentemente nos esquivamos dos assuntos. Deixamos um grupo inadequado no poder ou transferimos o trabalho para outros pontos. Quando o clima predominante é de pessimismo e cinismo, chegamos até a achar que a política organizacional dita as atitudes de esquiva e transferência. Mas não é bem assim.

A nova equipe diversificada

Tom Spector

Até recentemente, nossa empresa passava por uma febre de aquisições, comprando grandes concorrentes e integrando-os em nossas operações. Foi um modelo de negócios que praticamos com grande sucesso e que resultou em crescimento substancial para a organização. Mas agora chegamos ao ponto em que não sobrou mais nada para comprar. Os concorrentes remanescentes são gigantes grandes demais para serem adquiridos. Em consequência, a empresa está enfrentando o problema de substituir o crescimento por meio de aquisições e assimilações pelo desenvolvimento orgânico. Isso exigiu que contemplássemos mudanças tanto no âmbito interno da organização quanto na maneira como servimos aos clientes.

A equipe então responsável pela empresa fez um grande trabalho com o velho modelo de negócios focado em aquisições. Mas, com a mudança, as coisas ficaram diferentes. Lembro-me de um dia em que estava num café com um de nossos gerentes seniores. A certa altura, ele confessou em voz baixa, num tom um tanto reflexivo: "Antes, fechávamos as aquisições e trabalhávamos como doidos para que dessem certo. Era empolgante. Hoje, não há nada disso." Acho que toda a equipe compartilhava mais ou menos os mesmos sentimentos. O trabalho intelectual de fechar o acordo e os jorros de adrenalina para fazê-lo funcionar eram coisas do passado. Agora, o importante era o processo de comunicação constante com grandes grupos de empregados. Tudo era visível e sem segredos. A ênfase deslocara-se para temas mais suaves, que tornavam muito mais relevante a capacitação de todos para a realização do trabalho.

No passado recente, os grupos de negociação e os comitês gerenciais eram pequenos e compostos de pessoas com a mesma mentalidade. Trabalhávamos assim. Essas equipes eram dominadas por pessoas com centenas

44   O Coração da Mudança

de anos de experiência conjunta em serviços bancários, que tinham mais ou menos o mesmo pensamento e aparência. Desse modo, contávamos com grupos pequenos e homogêneos de negociadores, numa empresa grande e heterogênea, efetuando enorme esforço de transição do crescimento externo para o crescimento interno.

Se Jack, nosso COO (Chief Operation Officer) permitisse que o fluxo fluísse sem qualquer intervenção, provavelmente continuaríamos com um pequeno grupo de pessoas, todas dotadas de experiências e habilidades muito semelhantes, ainda que se transferissem alguns indivíduos das atividades de crescimento externo para as de crescimento interno. Estou convencido de que muitas pessoas, talvez a maioria, esperavam que assim seria e que assim deveria ser a evolução organizacional. Mas não foi o que aconteceu.

Ainda me lembro daquele telefonema da secretária dele para informar-me que Jack queria conversar comigo. "Quero que você participe de nosso comitê operacional", disse-me. "Você tem uma perspectiva única que provavelmente será útil na modelagem do futuro da empresa." Senti-me surpreso e honrado. O comitê operacional? Estava entusiasmado com a oportunidade de participar daquela equipe. E ele acrescentou: "No comitê operacional você terá a chance de representar e criar nosso futuro. É provável que tenhamos muito pouco tempo para fazer esse tipo de trabalho antes que o setor supere esse período de transição. Trata-se de uma oportunidade única em toda a sua carreira e você deve aproveitá-la com todo o seu potencial." A reunião foi muito inspiradora e abracei na hora minhas novas atribuições. Estava comprometido em fazer a coisa funcionar, mesmo antes de nossa primeira reunião do comitê operacional.

Até então não me dera conta inteiramente de por que fora convidado para participar do grupo, mas a situação começou a ficar clara quando nos reunimos pela primeira vez. A diversidade na sala era inacreditável e intencional. Fiquei atônito. Todas as grandes funções da empresa estavam representadas no recinto — finanças, recursos humanos, assuntos corporativos e tecnologia da informação. Lá também estavam presentes quatro líderes regionais e um representante de gestão de recursos. Dentre os quatro líderes, um deles era do Grupo Internacional de Finanças Comerciais — alguém que até recentemente trabalhara no Goldman Sachs. As pessoas eram oriundas dos mais diferentes níveis, não se limitando aos subordinados

Construir a equipe de orientação **45**

diretos do COO. No todo, o grupo era composto por indivíduos com as mais diferentes perspectivas e antecedentes. A diversidade não se limitava às habilidades, envolvendo também as próprias características pessoais. Representávamos toda uma seção transversa da organização.

O gerenciamento do grupo tem sido em si um enorme desafio. Entretanto, sob a liderança de Jack e de outros, estamos conseguindo progredir. Em meio a tanta diversidade, é difícil esperar que todos cheguem a um denominador comum, mas esse é exatamente o ponto. Num intercâmbio típico, eu diria algo como: "A única maneira de crescer é gastar dinheiro com o desenvolvimento de carreiras. Precisamos investir num programa de aprendizado on-line. Nosso pessoal precisa de novas habilidades para que seja bem-sucedido em uma organização em processo de mudança." Obviamente, isso ia de encontro às crenças de John, um dos representantes da área de finanças corporativas. "Discordo. Temos de reduzir os custos e cortar o efetivo de pessoal. A preocupação com o desenvolvimento vem depois. Primeiro precisamos dinamizar as operações." Evidentemente, até certo ponto, ambos estávamos certos. No final das contas, quase sempre chegamos a soluções mais equilibradas e criativas.

Ainda estamos no início de nosso processo de transformação, mas até agora parece que o grupo vem trabalhando muito bem, correspondendo mais ou menos às expectativas. Estamos começando a tomar uma direção que faz muito mais sentido nas novas condições de vida. O grupo está trazendo uma nova perspectiva à reformulação do futuro, uma abordagem menos distorcida e paroquial e ao mesmo tempo mais criativa na modelação do porvir. E em face de sua forte credibilidade, o grupo desenvolveu a capacidade de comunicar-se vigorosamente com todas as partes da organização. Muito em breve, quando muitas forem as coisas importantes a serem difundidas na organização, essa qualidade será fundamental.

Em geral, simplesmente deixa-se que o fluxo flua o tempo todo. O resultado quase sempre são equipes sem as características adequadas, ou seja, grupos sem capacidade para promover as transformações, mesmo que os participantes sejam "boa gente".

Nas iniciativas de mudança que alcançam grande sucesso, como a desta história, as equipes de orientação eficazes são constituídas da seguinte maneira:

46   O Coração da Mudança

1. Uma única pessoa, imbuída de forte sentimento de urgência, geralmente reúne os primeiros indivíduos.
2. Os demais participantes são selecionados com base no critério de promover-se a combinação certa de capacidades diversas, abrangendo:
   - Conhecimentos relevantes sobre o que está acontecendo fora da organização (essenciais para desenvolver a visão).
   - Credibilidade, ligações e estatura dentro da organização (imprescindíveis para comunicar a visão).
   - Experiência sobre o funcionamento interno da empresa (indispensável para remover as barreiras que inibem a atuação das pessoas com base na visão).
   - Autoridade formal e habilidades gerenciais, como capacidade de planejamento, organização e controle (necessárias para criar vitórias a curto prazo).
   - Habilidades de liderança, associadas a visão, comunicação e motivação (essenciais em quase todos os aspectos do processo de mudança).
3. Cria-se a equipe atraindo e, vez por outra, rejeitando participantes.
   - *Atrair* significa exatamente isso — mostrar aos outros a importância da iniciativa e o privilégio de ter sido escolhido como participante. Assim, as pessoas entendem por que foram escolhidas. Mais importante, toca-se em seus corações. Como resultado, elas se sentem inspiradas, o que redunda em aceitação calorosa — em vez do frio "Ah não, mais uma força-tarefa!". Nos processos de mudança de grande sucesso, constata-se essa empolgação, mesmo que o grupo já esteja constituído há algum tempo. Nessas condições, ainda "se atraem" pessoas para a equipe de orientação a fim de instilar novo ânimo no esforço de mudança.
   - Do mesmo modo, quando se desenvolvem forças centrífugas dentro de um novo grupo diversificado, as pessoas são atraídas de volta à equipe por meio de atos que engendrem o senso de fé e de comprometimento. Em "A Nova Equipe Diversificada", Jack foi o protagonista que primeiro desempenhou esses papéis; depois, recebeu a ajuda de outros.

Construir a equipe de orientação **47**

- Se a composição do grupo contiver erros, *rejeição* significa adotar providências para solucionar o problema, mesmo que isso signifique demitir alguém ou praticar outras ações difíceis, carregadas de emoção. Nessas condições, as forças do *status quo* e o ímpeto do passado não saem vitoriosos.
4. À medida que a mudança avança por toda a organização, constituem-se novos grupos nos níveis mais baixos, responsáveis por impulsionar a ação nas respectivas unidades. Quando se implementam esses vetores em sucessivas camadas hierárquicas, o termo *coalizão de orientação* torna-se mais apropriado do que *equipe de orientação*, uma vez que grupos de 50 ou 500 raramente são equipes em qualquer das acepções normais do termo. Se o salto para o futuro for de apenas uma unidade numa grande organização, ou da totalidade de uma pequena empresa, talvez uma única equipe de orientação seja suficiente.

Na maioria das situações não se encontra esse padrão — nem de longe. Os problemas das forças-tarefas são difusos, mas o caso típico geralmente ocorre com os projetos de novos sistemas. O comitê executivo de uma empresa aprova despesas de dezenas de milhões de dólares e então transfere a responsabilidade e a prestação de contas para uma força-tarefa de 12 membros, composta principalmente de pessoas atoladas na rotina organizacional. Pergunte-se aos executivos sobre essa abordagem e a resposta quase sempre é: "São especialistas que compreendem a tecnologia e, portanto, devem estar à frente do processo." Os membros da força-tarefa tentam realizar o trabalho, mas não é de esperar que criem a visão, e realmente não o fazem. Quando tentam comunicar algo sobre seus objetivos ou planos, muita gente os ignora ou não os leva a sério. Quando começam a enfrentar obstáculos — gerentes de nível médio ameaçados, sistemas de remuneração impróprios, vice-presidentes misoneístas — eles se sentem impotentes e buscam alguém acima deles para resolver os problemas. Enquanto isso, a alta gerência está preocupada com outros assuntos — essa não é sua função, afinal, não são especialistas em software — assim, a intervenção é limitada e vagarosa. Outros interventores potenciais fazem ainda menos, pois ninguém quer sacrificar-se pela força-tarefa, sobretudo em relação

48   O Coração da Mudança

a questões pendentes. "Se a mudança é tão importante, por que os verdadeiros chefes não estão orientando o esforço?"

Ao constatarem esses problemas, oriundos basicamente de indivíduos e equipes frágeis, os consultores de sistemas muitas vezes são forçados a propor a criação de complexas estruturas de governança, cheias de patrocinadores, forças-tarefas multifuncionais e esquemas de propriedade, por indivíduos ou por equipes. Essas estruturas complexas geralmente são melhores do que apenas um comitê sem muita força, motivo pela qual são tão exploradas, mas seu funcionamento quase sempre é inadequado. Os confusos sistemas de governança poucas vezes atuam no núcleo da empresa, onde realmente se situa o poder. Não passam de camadas adicionais que se sobrepõem aos relacionamentos formais e informais já existentes, dos quais depende o funcionamento da organização. A adoção dessa abordagem é como instalar-se no telhado de uma casa e tentar operar pela chaminé algum mecanismo de alta sofisticação, para o deslocamento dos móveis e utensílios. Além disso, com muita frequência, os participantes dessas camadas adicionais já exercem outras funções em tempo integral. Ao descobrirem que a estrutura não produzirá os resultados esperados e que receberão pouco crédito por aquela atividade paralela, quase sempre reduzem seus investimentos de tempo e energia. Sem o necessário empenho do pessoal, a nova camada torna-se ainda mais ineficaz, contribuindo apenas para o aumento da burocracia e para a consequente morosidade do processo decisório. Em situações extremas, todo o esquema parece um despautério. É mais ou menos como a família cujo problema é a necessidade de desenvolver novas habilidades nos filhos e como solução propõe a constituição de uma equipe de projetos na Agência Estadual de Atendimento às Crianças, em ação integrada com o Departamento de Educação e com uma Força-Tarefa Especial sobre Novas Habilidades.

Nessas condições, mesmo quando se entende o "o quê", o "como" pode tornar-se tão mecanicista, a ponto de não produzir resultados. "Agora, você é membro da equipe. Aqui está a agenda. Suas tarefas são X e Y." Entretanto, não se abordam os aspectos mais influentes: "Mas qual é o propósito? Temos condições de alcançar o sucesso? O que isso vai exigir de mim? Será que sou capaz de corresponder às expectativas? Quais serão as implicações para a minha carreira, se não formos bem-sucedidos?" Em "Nova Equipe", Jack parece ter sido sensível em relação a essas questões. Ele cuidou dos sentimentos — atenuando os negativos (suspeita e medo) e acentuando os positivos (otimismo, orgulho). Em "Azuis *versus* Verdes", o recuo para uma discussão excessivamente intelectualizada sobre "valores" perdeu o ponto.

Ao contrário de muitos desafios da vida, consegue-se muitas vezes evitar esses problemas com um pouco de criatividade. Diferentemente do que ocorre com as forças da natureza, como um tornado, que são incontroláveis, no caso das equipes de orientação, as pessoas criam suas próprias dificuldades. Assim, quando se identificam as ameaças, é possível desviar-se dos problemas. Esse é o poder das ideias. O presidente da divisão precisa aprender e aplicar esses ensinamentos. O empregado, dois níveis abaixo, é capaz de ajudar o presidente a absorver essas lições. Mas se você for essa pessoa, lembre-se de que encontrar meios convincentes de *mostrar* ao chefe as ameaças é muito mais eficaz do que um memorando exaustivo, mas enfadonho.

A questão da confiança

Dispor de um grupo de pessoas certas é condição necessária, mas não suficiente. Também é necessário que a equipe trabalhe bem, de forma integrada. Aqui, a questão fundamental parece ser confiança.

Geralmente falta confiança nas equipes de alta gerência, embora poucas vezes os gerentes o admitam em público. Caso não seja imprescindível que todos trabalhem juntos, de maneira coesa, seja porque o trabalho é rotineiro, seja porque as mudanças são pequenas e podem ser implementadas sem muita pressa, a pouca confiança não é necessariamente um problema. Entretanto, em um ambiente de grandes mudanças, em ritmo cada vez mais acelerado, a desconfiança entre os membros das equipes é um peso colossal. Como desenvolver visões e estratégias sensatas para toda a equipe se a confiança é baixa? Nesse contexto, as pessoas pensarão primeiro em si próprias e em seus subgrupos, cheias de suspeita e de atitudes defensivas. A estra-

50   O Coração da Mudança

tégia inteligente dificilmente emergirá de um antro de politicagem, paroquialismo e mensagens criptografadas.

Eis um caso extremo de falta de confiança e a solução adotada. Depois de ler os dois primeiros parágrafos, qual o seu palpite quanto ao desfecho?

O General Mollo e eu flutuávamos nas águas

Roland de Vries

A guerra havia terminado e sabíamos que, de alguma maneira, teríamos de trabalhar juntos. A paz fora negociada; não resultara de vitória militar em que um lado poderia impor suas condições ao outro. Do confronto emergira uma nova nação, e era preciso construir um novo exército unificado. Minha missão era liderar uma equipe de oficiais para desenvolver a visão, a estratégia e um plano de implementação para fusão das sete tropas numa Força de Defesa Nacional.

Reunimos os representantes dos sete grupos que compunham o novo Exército Sul-Africano: a Força de Defesa do regime do *apartheid*, dois exércitos de libertação e quatro exércitos locais. Até então, essas forças combatiam em lados opostos, numa luta longa e cruenta, da qual ainda tenho como lembrança algumas cicatrizes físicas, resultantes da explosão de uma mina terrestre que praticamente destruiu meu veículo de comando. Até então fôramos inimigos e agora devíamos trabalhar juntos para criar uma organização integrada.

A primeira reunião foi difícil, mas não como seria de esperar. Éramos soldados profissionais. Não houve gritos nem acusações. Sob alguns aspectos, ocorreu exatamente o oposto, o que talvez tenha sido pior. *Parecíamos* dispostos a colaborar. "Nossa nova situação exige uma nova visão e uma nova ordem. Para desenvolver a visão, precisamos ter confiança, falar a verdade e agir com franqueza." As palavras eram bonitas, mas não passavam de palavras.

Todos atuavam com cautela, como que sentindo uns aos outros. Não havia confiança, verdade e franqueza. Duvido que alguém de fato estivesse expressando suas opiniões. Por que se esperaria algo diferente? E em face dos antecedentes e da desconfiança, eu receava que o grupo se reuniria durante um ano, sem promover nenhuma mudança. O mais provável é que

Construir a equipe de orientação **51**

a situação ficasse ainda pior. Se as reuniões não resolvessem alguma coisa e não encontrassem soluções rápidas, os participantes começariam a culpar-se uns aos outros. É a reação humana. Em consequência, procurariam reforço cada vez mais nos próprios grupos. É evidente que todo aquele ódio e dor enrustidos voltariam à tona, com consequências não tão imprevisíveis.

Em nossa segunda reunião, tomei uma decisão muito pessoal. Sentia que tinha de fazer o que considerava certo naquela situação. Não conseguia atinar como criaríamos uma organização se de algum modo não aprendêssemos a ser confiantes, verdadeiros e francos uns com os outros. Sem dúvida, seria difícil, mas qual era a alternativa? Então, disse-lhes certas verdades sobre minha situação: "Algumas pessoas importantes do nosso lado pretendem que o novo exército seja exatamente como a velha força do regime do *apartheid*. Eles não querem respeitar a diversidade e esperam que o novo conjunto seja moldado à sua imagem e semelhança." Concluí meus comentários, afirmando: "Não tenho a intenção de fazer isso. Não faz sentido para mim. Está errado e não agirei assim."

Talvez haja quem considere que a minha atitude foi uma loucura. Muitas coisas poderiam ter acontecido — menos na reunião em si e mais nas semanas seguintes — isso não seria bom para o grupo e para mim, pessoalmente. Mas será que isso não era exatamente o que eu tinha de fazer? Quando se passa toda a vida verificando o mais seguro, será que se vive bem?

A conversa poderia ter tomado inúmeras direções logo depois de meus comentários, mas o que realmente aconteceu foi o seguinte: os demais membros começaram a contar histórias semelhantes! Não aconteceu tudo de uma vez, mas um dos presentes também assumiu riscos e logo depois mais alguém seguiu o exemplo. Um dos participantes admitiu: "No meu lado, muita gente, no fundo, também não quer a integração." Outro acrescentou: "Alguns de meus colegas querem que tudo reflita os seus interesses exclusivos. Insistem em que a nova visão seja a velha visão deles." E assim por diante. Nem todos se manifestaram, mas de qualquer maneira a reação foi surpreendente.

Naquela reunião, demos nosso primeiro passo na direção certa.

Uma de nossas iniciativas para que nos conhecêssemos melhor em termos pessoais foi promover acampamentos ao ar livre, que passaram a ser apreciados por todos os membros da equipe. À noite, sentávamos em torno da fogueira e contávamos histórias. Alguns pareciam mais à vontade do que outros, mas todos participavam das excursões. Em breve, já conversávamos sobre as

52 O Coração da Mudança

várias estratégias de batalha que usávamos uns contra os outros em nossos combates. Também nos dividíamos em grupos menores e nos separávamos para conversar e nos conhecer melhor, em nível mais profundo.

Nosso "momento da verdade" ocorreu quando um barco virou no mar, atirando às águas Solly Mollo e eu. Solly era comandante sênior do exército de libertação Lança da Nação. Lá estávamos nós flutuando com nossos coletes salva-vidas, já havia algum tempo, quando ele se virou para mim e disse: "Eu não sei nadar." Olhei para ele e respondi: "Você não precisa ficar preocupado, pois sou ótimo nadador e cuidarei de você até chegarmos à praia." Será que alguém seria capaz de imaginar aquela cena, nós dois, agarrados um ao outro, em pleno mar aberto?

Flutuamos por mais de uma hora antes de sermos resgatados. Para passar o tempo, contamos histórias. Não sei como começamos, mas as narrativas eram muito pessoais. Falamos de nossas famílias e dos sacrifícios a que se submeteram em consequência da guerra. Conversamos sobre nossos sentimentos a respeito dos problemas raciais que estavam retalhando o país. Também trocamos ideias sobre as questões com que nos deparávamos, ao tentar reunir duas culturas totalmente diferentes.

As conversas francas, o bate-papo ao redor das fogueiras, o incidente no mar — muitas coisas, planejadas ou ao acaso, fundiram-nos em um só grupo. Para mim foi admirável o que pode acontecer com um bando de inimigos que se transforma em equipe coesa.

Quando levantamos as mãos em desespero e declaramos que, em *nossa* situação, os problemas do trabalho em equipe são inusitadamente difíceis, vale a pena lembrar-se dessa história.

Este é um exemplo dramático do método básico pelo qual se constrói a confiança, não importa a situação. Suas lições incluem:

- Mostrar às pessoas o que é necessário por meio de exemplos (nesta história, assumir riscos na segunda reunião).
- Agir de maneira contundente, que atinja as emoções (por exemplo, "Está errado e não agirei assim").
- À medida que mudam os comportamentos, acrescentar novas atividades, em ambientes diferentes (por exemplo, sentar ao redor da fogueira).

- Quando ocorrer o "momento da verdade", aproveitá-lo, e depois convertê-lo em história a ser narrada em termos vívidos e dramáticos, a fim de difundi-la entre a maior quantidade de pessoas possível (por exemplo, apoiar-se um no outro enquanto flutuam no mar).
- Por meio de todas essas iniciativas, fazer com que as pessoas acreditem e sintam que a mudança é possível, que serão capazes de trabalhar juntas e que há condições de construir uma ótima organização.

As pessoas agem assim em cenários bem menos dramáticos do que o contexto de "General Mollo". Os protagonistas de "Azuis *versus* Verdes" seguiram o mesmo padrão básico: as duas primeiras cenas do roteiro se desenrolaram durante a reunião na universidade, e as três últimas nas ações que deram prosseguimento àquele evento.

O ponto crítico não é "organização" no sentido gerencial. Embora geralmente se diga "Esse pessoal precisa organizar-se", não se trata aqui de autoridade formal ou de obediência ao status. Ambos os recursos são frágeis na falta de confiança. E a debilidade é mortal quando as equipes de orientação passam por grandes transformações.

A mecânica das reuniões

O trabalho em equipe e os sentimentos básicos de confiança e comprometimento emocional podem ser solapados por muitos fatores. A participação de indivíduos que não jogam em conjunto e não merecem confiança às vezes destroem o grupo. Aspecto mais sutil, embora igualmente importante, é a própria mecânica do formato das reuniões.

Com que frequência reunir-se e durante quanto tempo? Qual é a agenda típica? Quem dirige as sessões? Que trabalhos realizar fora das reuniões formais? Pessoas que não são membros do grupo devem participar das reuniões? Em caso positivo, quem e quando? Quando se adota formato impróprio, a frustração aumenta, a confiança despenca, e a equipe de orientação torna-se apenas nominal.

54   O Coração da Mudança

Quando se acerta no formato, a coesão grupal torna-se suficiente-mente poderosa para realizar o trabalho.

Os problemas de estrutura afetam sobretudo as novas equipes. Nessas condições, pessoas inteligentes cometem erros a toda hora. Elas reúnem indivíduos competentes e, como existe um mínimo de confiança e boa vontade, abordam-se muitas questões de real interesse. Discute-se um ponto e depois outro, em seguida outro e mais outro. Então retorna-se ao primeiro, pois a questão ainda é importante. E fala-se, fala-se, até que predomina um clima de desinteresse ou exasperação.

Reuniões na Austrália

Ross Divett

Selecionamos cinquenta e cinco pessoas de várias localidades para liderar a mudança em suas respectivas áreas. A primeira reunião do grupo foi realizada num dos hotéis mais agradáveis do centro de Sydney. Representantes oriundos de nossos escritórios mais distantes chegaram na noite de quinta-feira e tiveram a oportunidade de conhecer-se uns aos outros e trocar ideias, enquanto bebericavam no bar do hotel. Então, na sexta-feira, todos se reuniram em uma das salas de reuniões do hotel, para uma discussão mais formal a respeito de seus papéis oficiais na liderança da mudança. Nossa segunda reunião seguiu o mesmo formato, mas foi realizada em Melbourne.

Notava-se certa vibração durante as primeiras reuniões e os participantes gostavam do fato de terem sido selecionados como um dos principais líderes do esforço de mudança. Analisamos os rumos da organização e promovemos *brainstorms* a fim de gerar ideias que concentrassem nosso foco nos clientes. Contudo, já na segunda reunião e durante todo o terceiro evento, os assuntos começaram a perder o rumo. Tomávamos uma direção, depois outra. Alguém dizia: "Tenho uma ótima ideia para que nossos escritórios tenham uma atmosfera mais amigável aos clientes: vamos dar crachás a nossos representantes de serviços, para que os clientes passem a conhecê-los pelo primeiro nome." E alguém logo acrescentava: "Isso mesmo, e vamos mudar a decoração para tornar o ambiente mais informal; acho que devemos criar uma nova sala de estar e dar a cada representante sua própria mesa, para que os clientes melhor se familiarizem com nossos serviços." Sem perda de

Construir a equipe de orientação **55**

tempo, um dos participantes retrucava: "Não acho que esse negócio de dar crachás e mesas aos representantes ou redecorar os escritórios de fato vai mudar o relacionamento com os clientes. A primeira coisa de que precisamos é jogar fora nosso manual de procedimentos de recursos humanos, com 900 páginas." Mas também esse comentário logo seria contestado: "Nada disso. Para que os empregados realmente desloquem o foco, precisamos adotar novos indicadores de desempenho. Devemos recompensar as pessoas de maneira diferente."

Todos tinham suas próprias ideias sobre onde deveríamos concentrar nossa atenção, e assim pulávamos de tema em tema, sem qualquer conclusão. Ao abordarmos todas essas questões ao mesmo tempo, desordenadamente, não conseguíamos tratar de detalhes significativos, o que era frustrante. Tentamos determinar nossas prioridades por meio de votação, mas isso também não nos levou a lugar algum. O entusiasmo inicial pelo trabalho esvaiu-se com rapidez. De um certo modo, o grupo ainda estava travado no velho estilo de comando e controle. E todos tentávamos comandar e controlar uns aos outros!

Mais ou menos em nossa quinta sessão, experimentamos uma nova abordagem. Para começar, programamos nossa reunião para um dia e meio, em vez de apenas um dia. Na chegada, os participantes receberam agendas detalhadas das atividades dos dois dias seguintes. No alto da agenda, um tópico se destacava: gerenciamento do desempenho.

A CEO abriu as atividades do primeiro dia, enfatizando a importância de que o grupo mudasse de foco e se empenhasse em alcançar o consenso, acrescentando que tentaríamos algo novo. Até então discutíramos muitas ideias brilhantes, mas era mais do que hora de pormos mãos à obra. De agora em diante, discutiríamos um assunto por reunião, cuja duração seria de um dia e meio. Quando necessário, recorreríamos a um facilitador para manter-nos nos trilhos.

O resto da manhã começou com um palestrante convidado, que falou sobre os vários métodos de gerenciamento do desempenho. Aquilo induziu--nos a pensar fora de nossos pequenos mundos e inspirou-nos novas ideias. Aventamos, então, questões críticas para a mudança de nosso sistema de desempenho. Dedicamos a tarde a análises sobre o que precisaríamos fazer em seguida. Decidimos que começaríamos com pesquisas entre os empregados para identificar áreas que, sob o ponto de vista deles, careciam de melhorias.

56 O Coração da Mudança

No segundo dia, tratamos do cronograma de nossas operações e desmembramos alguns trabalhos a serem executados nas próximas duas semanas. Também averiguamos quais os temas que, na opinião da maioria dos presentes, deveriam compor a agenda da próxima reunião e definimos que alguns membros da equipe elaborariam documentos com temas básicos para discussão, que seriam distribuídos aos participantes com uma semana de antecedência.

Mantivemos o mesmo formato para o restante das reuniões. No primeiro dia, um palestrante convidado falava sobre algum tema relevante; no segundo dia, sempre tratávamos de medidas concretas. Os assuntos mais complexos eram atribuídos a subgrupos, para análise e planejamento mais profundos. Os subgrupos relatavam seu progresso para todo o grupo, na reunião seguinte.

Apenas depois de duas sessões o grupo realmente se familiarizou com o novo formato, mas logo descobrimos que a eficácia diminuía quando nos afastávamos do padrão.

Um observador externo que agora participasse de nossas reuniões provavelmente ficaria surpreso com a maneira como raramente nos afastamos da agenda; com o nível de frequência, embora todos tivessem suas próprias atribuições e precisassem viajar até o local das reuniões; e com a baixa incidência de conversas paralelas. Com o tempo, a observância do formato tornou-se mais fácil, à medida que os participantes aprendiam a confiar no processo e uns nos outros.

Só depois de nove meses conseguimos transformar aquele grande grupo disperso, inclusive sob o ponto de vista geográfico, em equipe realmente eficaz, mas as recompensas foram substanciais. Estávamos engendrando uma organização totalmente nova.

As reuniões malconduzidas solapam a confiança, sobretudo quando se trata de um novo grupo. Vimos aqui uma abordagem simples e bem conhecida, mas inteligente e eficaz. O principal foco é a disciplina. Trate de um assunto por reunião. Faça o trabalho de casa para melhor promover o trabalho externo. Certifique-se de que as etapas seguintes são conhecidas com clareza. Sempre nomeie um responsável. Em "Na Austrália", a fórmula propiciou melhores discussões e reduziu o nível de frustração. Menos frustração ajudou a construir a confiança, que respalda o trabalho em equipe.

Essa fórmula simples e eficaz não começou com o debate e a votação a respeito do formato. Sua origem foi, acima de tudo, a demonstração de seu poder. Viam-se os seus resultados.

As mesmas regras aplicam-se a grupos menores e mais antigos. Toda situação terá suas peculiaridades, que talvez exijam alguns refinamentos nesse formato ou a adoção de métodos um pouco diferentes. Mas o ponto-chave é simples: assegure-se de que a fórmula resultou de debates conscientes, em vez de ser apenas um produto da rotina.

Sobreposição entre os oito passos

Em "Na Austrália", vimos exemplos de como os oito passos sobrepõem-se entre si, como a sequência não é comece a fase 1, termine a fase 1; comece a fase 2, termine a fase 2; e assim por diante. Ao mesmo tempo em que os australianos ainda desenvolviam o tipo de equipe de orientação que transformaria a organização, também iniciaram o trabalho de formular novas visão e estratégia. Não se limitaram a um ano de reuniões apenas para a "construção da equipe".

Imbricação semelhante encontra-se com frequência entre as fases 1 e 2. Ao mesmo tempo em que se promove a urgência entre as pessoas, de um modo geral, também se inicia o desenvolvimento da equipe de orientação, com base em um grupo inicial cujo nível de complacência agora é relativamente baixo. Nas fases 4 e 5, ainda se está divulgando a visão da mudança, mas já se começou a capacitar as pessoas para a implementação da nova perspectiva. Nas fases 5 e 6, ainda se destroem obstáculos à ação, mas já se planejam as vitórias a curto prazo nos canais onde não mais existem entraves.

Sempre todo o cuidado é pouco para não se saltar à frente com imprudência. A tentativa de dar poderes a pessoas que não estejam imbuídas do senso de urgência não produz resultados. O ímpeto de desencadear uma terceira onda de mudanças sem vitórias a curto prazo também é infrutífero. Alguma sobreposição entre os estágios, contudo, é normal.

Quando os chefes parecem desesperançados

Da mesma maneira como a CEO de "Na Austrália" assumiu o controle das reuniões, também os chefes de qualquer unidade a ser transformada — divisão ou departamento — devem ser a força impulsora da equipe de orientação. A bem da credibilidade da iniciativa e como meio de evitar a ameaça constante de que o chefe puxe a tomada da mudança, esse cuidado é essencial. A experiência de dançar em torno da figura mais poderosa é inútil, mas muitos sucumbem à tentação. Nesses casos, procura-se explorar o chefe, dando-lhe como que cartas marcadas. O objetivo final é contornar a autoridade, criar a própria equipe de orientação com amigos de igual mentalidade e saltar à frente na criação da visão. Todo esse jogo dificilmente produz resultados.

Os que conhecem esses fatos geralmente dão para trás. "George não pode fazer isso", dizem. "Então, o que fazer?" "Ser realista."

Nesses casos, quando se tenta contornar e depois se recua, perde-se de vista um aspecto essencial. Quando os protagonistas não estão encenando os papéis principais, isso significa que seu senso de urgência é muito baixo e que sua complacência, raiva ou medo são muito altos. Talvez a organização tenha alcançado grande sucesso — daí a complacência. Talvez o chefe tenha sérias dúvidas sobre se é capaz de liderar uma grande mudança e sobreviver — daí o medo. Nessas circunstâncias, o esforço de mudança precisa concentrar-se nesse tema, e *apenas* nesse tema. Esqueça a equipe e o trabalho em equipe (passo 2). Esqueça a visão (passo 3). Esqueça a comunicação (passo 4) e a capacitação (passo 5). O único tema é urgência (passo 1). Ponto. Quando se estrutura o problema dessa maneira, percebe-se como quase todos podem ajudar. Lembre-se de "Luvas".

Sim, o vice-presidente executivo pode ajudar, mas também o supervisor de primeira linha; mas também o staff de profissionais, sem subordinados; mas também os consultores; mas também os estagiários! O ponto crítico é concentrar-se nas questões certas.

Esse aspecto é muito importante, e o perdemos de vista a toda hora. Cuidado!

Para mais informações sobre desenvolvimento da equipe de orientação, ver Capítulo 4 de *Liderando Mudanças*.

PASSO 2

Construir a equipe de orientação

Ajude a formar um grupo que tenha capacidade — quanto aos membros e aos métodos de operação — de orientar um processo de mudança muito difícil.

O QUE FUNCIONA

- Mostrar entusiasmo e comprometimento em atrair as pessoas certas para o grupo (ou ajudar alguém nesse sentido).
- Servir como modelo da confiança e do trabalho em equipe imprescindíveis no grupo (ou ajudar alguém nesse sentido).
- Estruturar formatos de reuniões para a equipe de orientação, de modo a atenuar a frustração e acentuar a confiança.
- Concentrar suas energias no passo 1 (aumentar a urgência), caso ainda não seja possível enfrentar o desafio do passo 2 e se outras pessoas também não se considerarem capazes.

O QUE NÃO FUNCIONA

- Orientar a mudança por meio de forças-tarefas fracas, indivíduos isolados, estruturas de governança complexas ou equipes gerenciais fragmentadas.
- Não enfrentar a situação quando o ímpeto e os centros de poder entrincheirados solapam a criação do grupo certo.
- Tentar excluir ou contornar o chefe da unidade a ser mudada, porque ele ou ela está "desesperançado".

HISTÓRIAS PARA LEMBRAR

- Azuis *versus* verdes
- A nova equipe diversificada
- O general mollo e eu flutuávamos nas águas
- Reuniões na Austrália

PASSO 3

PASSO 1
AUMENTAR A URGÊNCIA

PASSO 2
CONSTRUIR A EQUIPE DE ORIENTAÇÃO

PASSO 3
DESENVOLVER A VISÃO CERTA

PASSO 4
COMUNICAR-SE PARA PROMOVER A COMPRA

PASSO 5
EMPOWERMENT PARA A AÇÃO

PASSO 6
PROPICIAR VITÓRIAS A CURTO PRAZO

PASSO 7
NÃO PERMITIR O DESÂNIMO

PASSO 8
TORNAR A MUDANÇA DURADOURA

Desenvolver a Visão Certa

NAS MUDANÇAS EM GRANDE ESCALA, bem-sucedidas, a equipe de orientação eficaz responde às perguntas necessárias à produção de um senso de direção nítido. Que mudança é necessária? Qual é a nossa visão da nova organização? O que deve ser alterado? Qual a melhor maneira de converter a visão em realidade? Que estratégias de mudança são perigosas a ponto de se tornarem inaceitáveis? Boas respostas a essas perguntas preparam a organização para dar o salto em busca de um futuro melhor.

Com muita frequência, a equipe de orientação não define uma direção nítida ou desenvolve visões insensatas. Os resultados podem ser catastróficos para as organizações e penosos para os empregados

62 O Coração da Mudança

— basta perguntar a alguém que já sofreu as consequências de um modismo inútil que lhes foi impingido de cima.

Visões e estratégias *versus* planos e orçamentos

Um dos motivos pelos quais pessoas inteligentes não definem a direção da mudança ou a estabelecem de maneira vaga é terem aprendido que "mapeamento do futuro" significa planejamento e orçamento. A verdade é que, na busca da mudança em grande escala, o melhor exercício de planejamento nunca é suficiente. Necessita-se de algo muito diferente.

Pintando imagens do futuro

Charles Berry

Em 1994, sabíamos que estávamos à beira de ter de redefinir o que pretendíamos ser como empresa. Nosso setor estava passando por grandes mudanças estruturais, em consequência da desregulamentação — a abertura do mercado para os concorrentes e o fim da proteção contra aquisições por outras empresas. A desregulamentação e a liberalização do mercado da Inglaterra significava, primeiro, a chegada de concorrentes estrangeiros e, segundo, a chance de partirmos para a expansão no exterior, por meio de aquisições.

Todos tinham sua própria opinião sobre o que fazer, e poucos concordavam entre si. Havia quem achasse que deveríamos transformar-nos em conglomerado diversificado, talvez como a Hanson, a maior empresa desse tipo na Inglaterra. Outros entendiam que a melhor opção seria atuarmos como empresa de engenharia, situação em que efetivamente nos tornaríamos empreiteira de obras públicas, construindo e mantendo redes de água, gás e eletricidade. E ainda outros sugeriam que fôssemos mais longe, ingressando em telecomunicações e serviços de Internet.

Nosso CEO, na época, tentou controlar a situação, enviando um memorando aos chefes de nossas principais divisões, em que pedia a opinião de cada um e solicitava novas ideias quanto às nossas opções para o futuro. O processo de planejamento caracterizou-se pela ortodoxia. Todas as ideias e sugestões dos chefes de divisão foram compiladas pelo pessoal do escritório central, inclusive com o processamento de todos os números referentes a cada sugestão. O que aterrissou de volta nas mesas dos chefes de divisão foi um relatório conciso e enfadonho, com toneladas de informações financeiras — metros e metros de análises em planilhas eletrônicas, índices de endividamento, projeção de preços de ações e outros indicadores de desempenho — o tipo de coisa que faz dormir rapidamente a maioria das pessoas! Um ano depois, o relatório ainda era objeto de discussões, e as conversas geralmente começavam com algo do tipo "A Figura 3.4 era sobre o quê mesmo, hein?". A isso se seguia um debate exaltado sobre a Figura 3.4. Jamais se chegava a um acordo. Simplesmente não se tinha uma ideia clara de quais eram as opções e do que significariam para nós.

Os "exercícios de planejamento ortodoxo", comuns na maioria das organizações, têm por objetivo a mudança incremental. Tipicamente, todas as partes envolvidas conhecem os respectivos negócios com riqueza de detalhes. Não é muito difícil imaginar opções um pouco diferentes sob este ou aquele aspecto. Os planos e orçamentos induzem minúcias do tipo: "Considerando nossos conhecimentos, a meta de aumento da receita em 5,3% é razoável. Para atingi-la, convidar Fred para chefiar o projeto X no próximo trimestre parece uma boa ideia. Logicamente, o projeto Y também será necessário, e seus desembolsos a curto prazo, durante o próximo exercício social, são razoáveis, quando analisados à luz das saídas de caixa das alternativas de investimentos, no mesmo período."

No caso da mudança em larga escala, a extrapolação do contexto vigente, com que todos estão familiarizados, não é tarefa fácil. Em geral, não se compreendem todas as opções relevantes, pelo menos com muita clareza. O que significa "mudar todos os processos de negócios"? O que significa tornar-se uma corporação "global"? O que significa criar "uma cultura mais inovadora"? Não se pode planejar o que não se compreende. Geralmente é difícil até mesmo ter uma boa discussão a respeito dos assuntos. "Necessitamos de uma cultura que promova a assunção de riscos." "Sim, tudo bem, mas assumir riscos significa cometer erros, e nossos clientes correrão para os concorrentes se errarmos em seus produtos." "Não me referia a riscos arriscados." "Riscos arriscados?!"

64   O Coração da Mudança

Nas situações de incerteza, muitas vezes recuamos para a aparente objetividade dos números. Mas, no caso de mudanças não incrementais, a análise financeira começa com alternativas específicas e, em seguida, adota premissas em geral incertas e, novamente, até mesmo de difícil abordagem em conversas.

Para ajudar-nos a lidar com o problema de como redefinir nosso negócio, começamos com seis ou sete opções básicas, ou seja, seis ou sete visões amplas a respeito do futuro. Uma consistia em continuar na mesma — os negócios de costume — fornecendo eletricidade a nossos clientes escoceses, além de alguns serviços restritos de telecomunicações e Internet. A segunda era ser fornecedor de eletricidade para todo o mercado inglês, em vez de apenas para a Escócia. Assim, esqueceríamos as oportunidades de crescimento limitado que identificáramos nas outras duas áreas de negócios em que já atuávamos na época. Reconcentraríamos nossas atividades e faríamos apenas uma coisa benfeita. A terceira seria fechar-se em copas, cortar as despesas, e fornecer eletricidade apenas na Escócia, com o objetivo de ser adquirida por alguma outra organização. Essas três alternativas provavelmente foram vistas por muitos de nós na época como as opções mais seguras. As outras eram muito mais dispendiosas: transformar-se em empresa de eletricidade internacional; em concessionária de serviços públicos diversificada, fornecendo eletricidade, gás e água no mercado interno inglês; em conglomerado; ou em empresa de engenharia. Quando começamos a discutir essas opções, surgiu mais uma — atuar em serviços de Internet e em telecomunicações.

Quando voltamos a examinar o assunto, decidimos adotar alguns critérios muito simples, com base nos quais descreveríamos nossas opções:

- **Vendas:** Qual seria nossa receita depois de dez anos.
- **Empregados:** Quantos empregados teríamos.
- **Clientes:** Qual seria o tamanho de nossa carteira de clientes.
- **Negócios:** Que produtos ou serviços essenciais ofereceríamos.
- **Concorrentes:** Quais seriam nossos principais concorrentes.
- **Crenças:** Em que teríamos de acreditar a nosso respeito para podermos vencer.
- **Ações:** Quais seriam as ações necessárias para realizar a opção.

Escrevemos duas ou três páginas a respeito de cada futuro possível. Incluímos alguns números nesses resumos, mas deixamos separada boa parte da análise financeira. À medida que desenvolvíamos as opções, tentamos pintar seis imagens do futuro e dar-lhes vida. Esta era a ideia — pintar imagens do futuro.

Programamos, então, uma série de reuniões para a equipe executiva de oito membros. Antes da primeira reunião, enviamos aos participantes as páginas de resumo, para que tivessem a chance de ler o material. Quando nos reuníamos, eu recapitulava os principais pontos muito rapidamente, usando um projetor de transparências. Assim, na opção 1, fornecedor internacional de eletricidade, nossas vendas, daqui a dez anos, seriam de..., e assim por diante, em cada uma das dimensões predeterminadas. Em seguida, discutíamos cada uma das opções. Sempre nos perguntávamos: "Como seremos?" "Qual será nosso principal produto ou serviço?" "Onde estaremos localizados?" "Qual será o perfil de nosso pessoal?" "Como serão nossos anúncios?" "Quais serão as demandas dos clientes?" "O que faremos para atender a essas demandas?" "Como serão as fábricas e escritórios?" "O que teremos de fazer especialmente bem?" "Como nos sentimos a esse respeito?"

A tentativa de visualizar o futuro infundia-nos um sentimento que ia bem além dos números e das opiniões abstratas. Aquilo nos ajudava a compreender a magnitude das mudanças necessárias para abraçarmos determinada opção.

Nossas discussões formais ocorriam em reuniões de quatro horas. Estreitamos as opções com alguma rapidez. As hipóteses de transformar-se em conglomerado e de tornar-se alvo de aquisição logo foram descartadas. Ao analisarmos a opção de "concessionária de serviços públicos diversificados na Inglaterra", imediatamente surgiu a alternativa de "concessionária de serviços públicos diversificados no mundo". As imagens com que tínhamos começado, em alguns casos, eram muito radicais; assim, parecia natural que, ao serem debatidas, surgissem novas alternativas. Depois de cada reunião, meu pessoal preparava um resumo de uma página com as opções remanescentes e as conclusões referentes a cada uma delas. Quase se ouvia o suspiro de alívio dos membros da equipe, por não estarem recebendo um enorme arquivo do Excel, apinhado de planilhas eletrônicas, ou um e-mail com dezesseis novos anexos. A partir de então, deliberadamente,

66 O Coração da Mudança

captávamos todo o *feedback* depois de cada sessão e sintetizávamos o essencial em apenas uma página.

Assim, começaram a surgir alguns elementos comuns. "Então, parece que estamos gostando do jeito de uma concessionária internacional de serviços públicos diversificados. Em que teríamos de acreditar a respeito de nós próprios para termos a convicção de que seremos bem-sucedidos? Como competiríamos em cada uma dessas áreas geográficas?" Em seguida, reiniciou-se todo o processo. Desta vez, testamos nossas conclusões em cada passo. Para começar, focalizamos as ações que nos levariam à realização da visão e verificamos se os números financeiros faziam sentido. Também enviamos os resumos de uma página a nossos corretores financeiros externos, que nos deram algum *feedback* sobre as prováveis reações do mercado, se optássemos por cada uma daquelas trajetórias. Depois de analisarmos os comentários deles e reunir os demais elementos, ficamos com uma ideia mais nítida sobre a forma da empresa, como cresceríamos e onde obteríamos recursos financeiros. A certa altura, nosso diretor financeiro advertiu: "Precisaremos triplicar o tamanho da empresa em cinco anos se quisermos oferecer aos acionistas retorno melhor do que se tivéssemos optado pela venda do negócio." Outro participante acrescentou: "Poderíamos triplicar o tamanho da empresa se adquiríssemos outras concessionárias de eletricidade e de água na Inglaterra e em seguida partíssemos para expansão semelhante no exterior." Por fim, alguém concluiu: "Para mim, as coisas estão começam a ficar claras! Agora, consigo ver como faremos tudo isso."

O respaldo dos dados financeiros era necessário. Mas as imagens eram mais importantes na construção do consenso sobre a visão. Eram imagens dos futuros possíveis.

Nos casos de bem-sucedidas mudanças em grande escala, constata-se a confluência de quatro elementos que ajudam a orientar a ação: orçamentos, planos, estratégias e visões. Cada um possui características diferentes, embora, no conjunto, apresentem fortes interligações, exigindo, em consequência, seu próprio processo de desenvolvimento.

O *orçamento* é o componente financeiro do plano. O *plano* especifica passo a passo como implementar a estratégia. A *estratégia*

Desenvolver a visão certa 67

Pintando imagens do futuro

Ver
Alguém do staff desenvolve nova abordagem ao planejamento. Com suficiente senso de urgência no grupo, a gerência sênior, dominada pela frustração, está disposta a experimentá-la. O planejador trabalha com a equipe de orientação para identificar algumas alternativas (por exemplo, empresa de energia internacional), e em seguida resume cada alternativa em poucas páginas, tratando apenas de um certo número de critérios básicos. O material é utilizado para fomentar uma discussão que ajuda os participantes a "visualizar" futuros alternativos.

Sentir
A frustração ("Não vamos chegar a lugar algum"), a raiva ("Consigo ver o rumo que devemos tomar; por que simplesmente não o seguimos?"), a ansiedade ("Será que vamos transformar a empresa em algo onde minhas habilidades não são relevantes?") e o pessimismo ("Seremos adquiridos, queiramos ou não") diminuem, ao mesmo tempo em que aumenta a sensação de alívio ("Ah, estou entendendo o que ele está dizendo. Agora consigo ver algumas alternativas razoáveis"). Aos poucos, cresce o otimismo ("É até possível que a nova empresa seja bem interessante").

Mudar
As conversas tornam-se muito mais interessantes. Eles começam a tomar decisões sobre uma visão inteligente do futuro.

---

mostra como alcançar a visão. A *visão* descortina a situação final, onde desembocarão os planos e estratégias. A visão geralmente cabe numa página e pode ser descrita num bate-papo de elevador. A estratégia talvez se estenda por umas dez páginas e justifique um convite para o almoço. Os planos são calhamaços mais ou menos do tamanho de um caderno, a serem analisados numa série de reuniões. Os orçamentos são ainda mais volumosos e requerem debates bem mais prolongados.

68 O Coração da Mudança

A equipe de orientação nunca produz os quatro elementos sozinha. Sempre conta com ajuda de outras áreas da organização. Como em "Pintando Imagens", essa contribuição externa às vezes é de importância fundamental, não só no fornecimento de informações para o processo, mas também no próprio desenvolvimento do processo adequado.

O orçamento é exercício matemático de produção de números. O planejamento é disciplina lógica e linear. A estratégia exige grande quantidade de informações sobre clientes e concorrentes, além de habilidades conceituais. Já o desenvolvimento da visão é algo totalmente diferente, que usa outra área do cérebro. Como sugere o nome, trata-se de visualizar futuros possíveis. O processo sempre envolve componentes criativos e emocionais (por exemplo, "qual nosso *sentimento* sobre as opções?"). Quando se recorre ao planejamento ortodoxo para criar a visão, a frustração e o fracasso são consequências naturais.

Na mudança incremental, as visões e as estratégias são quase sempre tão óbvias que mal se pensa sobre elas. Todo o trabalho se resume em exercícios de criação de planos e orçamentos. Na mudança em grande escala, as visões e as estratégias são a parte difícil, pois exigem incursões em territórios desconhecidos. E qualquer erro mais grave pode ser fatal.

Sem um bom orçamento, corre-se o risco de ficar sem dinheiro. Sem um plano sensato, corre-se o risco de ficar sem tempo. Sem uma boa estratégia, corre-se o risco de ficar encurralado. Sem uma visão inspiradora, corre-se o risco de escolher a trajetória errada e nunca perceber que se está à deriva. Será difícil coordenar grande quantidade de pessoas, sem recorrer a grande quantidade de normas e procedimentos. Nunca se conseguirá a energia necessária para realizar algo muito difícil. Os planos estratégicos motivam pouca gente, mas a visão cativante fala ao coração e empolga os mais empedernidos.

O papel da visão como ferramenta de coordenação eficaz relaciona-se diretamente com a importância da velocidade. Num ambiente moroso, a equipe pode avançar devagar, às apalpadelas, orientada pelos padrões já de há muito familiares, sem tropeçar aqui e acolá e sem que os membros trombem entre si. O grupo movimenta-se

Desenvolver a visão certa **69**

em uníssono, dois para cá, dois para lá, em ritmo constante e bem cadenciado. Se o líder der de cara na parede, logo alertará os demais "Parem" (talvez depois de um leve "ai"). Em seguida, avalia a situação e muda a trajetória. A nova direção é transmitida aos liderados — "Viraremos 90 graus para a esquerda, daremos dois passos adiante e depois pararemos. Eu (o chefe), esticarei a mão direita para ver se o obstáculo ainda está à minha direita. Em seguida..." Agora, imagine um mundo em que os vencedores são obrigados a correr e, ao mesmo tempo, a evitar ou transpor obstáculos, tudo isso em alta velocidade. Sem uma visão do rumo e do destino, e sem que todos compartilhem a mesma visão, as batidas na parede e as trombadas de uns com os outros são inevitáveis.

A nitidez com que se define a direção durante o processo de mudança em grande escala apresenta profundas relações com a história. A contabilidade é o feijão com arroz dos gerentes das organizações modernas há muitas décadas. O planejamento converteu-se em ferramenta sistemática em meados do século XX. A estratégia como disciplina regular entrou nos currículos das escolas de negócios em fins da década de 1970. Mas o desenvolvimento da visão ainda não é assunto sério na maioria dos programas de treinamento gerencial. Será que resta alguma dúvida sobre o que sabemos fazer e o que não sabemos fazer?

Eficiência *versus* serviços

Hoje nenhuma controvérsia a respeito da visão é mais árdua do que a questão de eficiência *versus* alguma combinação ótima de inovação e serviços aos clientes.

Num ambiente em que as empresas sofrem pressões de todos os quadrantes, os custos são um grande problema. Muitas transformações consistem, no âmago, em mera visão de austeridade. Quando uma empresa se esvai em prejuízos, o foco é a imediata reviravolta nos custos. Mas, em muitos casos, embora o problema mais urgente não seja estancar a hemorragia, a visão da organização converge para a redução de custos. Mesmo quando essa perspectiva é sensata — e às vezes não é — ela não funciona como visão do futuro, pois muito pouca gente ficará empolgada com a ideia de cortar despesas.

70   O Coração da Mudança

Nesses casos, as consequências naturais são medo, raiva e cinismo, retardando ou impedindo a mudança, em face da forte resistência.

Uma solução para o problema, que não significa ignorar os custos, consiste em desenvolver uma visão voltada para serviços, cuja realização seja impossível sem o corte drástico de despesas supérfluas.

Custos *versus* serviços

Ron Bingham

Em boa parte, nosso pessoal considera que seu papel aqui é servir a toda a comunidade, ao público em geral, em prol do que veem como bem comum maior. Esse era o discurso. "Não estamos aqui para gerar lucros, mas para prestar serviços essenciais ao público." A maioria realmente acreditava nisso, às vezes com muita convicção. E, decerto, ninguém estava lá para ganhar muito dinheiro. Essa não é a natureza dos governos estaduais, e sabíamos disso.

A visão focada no corte de custos, na dinamização da organização ou apenas na eficiência simplesmente não ganharia força. Mas aqui estava o problema: O governador achava que, com o tempo, acumularam-se grandes desperdícios e insistia em que o público não podia e não devia financiar ineficiências. Para ele, o essencial era economizar dinheiro para que o governo pudesse aumentar os gastos em áreas críticas como educação. Também em minha área de atuação, ele adotava a premissa de que o propósito era economizar dinheiro. De início, compartilhava a mesma opinião.

Assim, o cenário era o de dois trens no mesmo trilho, em sentidos opostos, um contra o outro. Alguém dizia "A eficiência é a questão"; outros retrucavam "A eficiência não é nossa missão". Depois de muitas análises e debates, finalmente concluí que nossa visão devia convergir para os serviços aos clientes. A ideia não era deixar de lado a questão da eficiência, mas pensar de maneira diferente, concentrar o foco de outra maneira. Nosso pessoal pensa em termos de prestar serviços essenciais. A maioria sem dúvida gostaria de oferecer melhor atendimento ao público. Eles não são bobos, sabem que ninguém anda por aí dizendo "Uau, o governo do estado é ótimo. Quem quer saber de Federal Express e Wal-Mart, quando conta com serviços públicos desse nível!" Entretanto, como a disponibilidade

Desenvolver a visão certa **71**

de maiores verbas era totalmente impossível, não se podia melhorar a qualidade dos serviços gastando mais dinheiro. Assim, qual era a única opção? Remover os obstáculos à melhoria dos serviços. E a remoção de entraves nas burocracias sempre significa eliminar desperdícios. A conclusão é lógica.

Assim, adotamos a visão dos serviços. Ao divulgarmos a novidade, e o fizemos da maneira mais clara possível, as pessoas quase que se viam ajudando os outros da maneira que julgavam mais adequada e davam a impressão de que imaginavam os usuários agradecendo-lhes pelos bons serviços. Acho que a maioria dos funcionários realmente se empolgou com a oportunidade de melhorar a maneira como atendiam ao público. Acreditem, cínicos, isso de fato aconteceu. A reação foi incrível. De repente, pessoas em toda a organização repensavam o seu trabalho, a fim de oferecer melhores serviços. Lembro-me de uma reunião com o governador e sua equipe sênior na qual nossos funcionários apresentaram sua visão de como os respectivos departamentos operariam no futuro. A exposição da área de serviços sociais foi sobremodo inspiradora. Aquela mulher se levantou e declarou: "Nossa visão do futuro é atendê-lo como pessoa integral, como família integral. Cuidaremos de seus vales-alimentação, de seu treinamento. Nós o ajudaremos a ter uma família saudável. Você se sentirá alvo de cuidados e será tratado com respeito." A paixão que timbrava sua voz era indescritível. Ela acreditava naquela visão e estava profundamente comprometida com sua realização. Não havia dúvida de que de fato se empenharia para ajudar o público. E, obviamente, para alcançar esse objetivo, seria necessário mexer nas entranhas da organização, eliminando todas as práticas redundantes que forçavam os interessados a preencher o mesmo formulário dez vezes, sempre que interagiam com serviços sociais. Toda essa eficiência seria erradicada e, no processo, alguns cargos se tornariam supérfluos. Mas isso não importava, ao menos tanto quanto a qualidade dos serviços sociais. Decerto, era um sacrifício que valia a pena, como parte do esforço de ajudar os excluídos a ajudar-se a si próprios.

Um grupo do departamento de arrecadação projetou um Estado do futuro, em que os contribuintes telefonariam com uma dúvida sobre o preenchimento de documentos fiscais e não ficariam esperando na linha durante uma hora. Ainda melhor, o público conseguiria as informações necessárias na hora, sem necessidade de outras consultas. Isso do departamento de arrecadação! Mas essas metas significavam a compra de nova tecnologia — o

72   O Coração da Mudança

que, obviamente, era dispendioso e deveria ser compensado por reduções no quadro de pessoal, seja por transferências internas, seja por demissões. Contudo, o novo sistema, se bem implementado, seria bem mais eficiente e, com o tempo, economizaria muito dinheiro.

Todo esse conjunto de iniciativas provocou algumas rupturas. Em face do forte comprometimento com a melhoria dos serviços, a maioria estava disposta a arcar com as consequências, embora, obviamente, houvesse umas poucas exceções.

O resultado foi que, depois de alguns anos, economizamos mais dinheiro do que o governador jamais imaginara possível. O resultado foi surpreendente para todos. E ainda por cima conseguimos algo tão ou mais importante — melhores serviços. A visão certa fez toda a diferença do mundo.

Hoje, enfrenta-se o mesmo problema em muitos lugares diferentes. Os custos estão inflados, mas a força de trabalho não consegue formular uma visão de "eficiência". Em alguns casos, a complexidade é maior do que nessa história. O pessoal talvez esteja convencido de que a disponibilidade de dinheiro é maior. A gerência, por outro lado, pode não estar propensa a aumentar os investimentos em tecnologia da informação. E os chefes provavelmente acham que serviços aos clientes é apenas algo interessante. Em outras situações ainda mais graves, a visão e as estratégias de apoio estão simplesmente erradas. A visão é muito estreita — não abrange toda a organização e deixa de lado muitos relacionamentos relevantes — mais parecendo um orçamento esquálido. A consequência é o aumento da raiva e do medo. A visão que difunde raiva e medo, em vez de vibração e ousadia, jamais dá certo.

A solução em "custos *versus* serviços" é aplicável a muitas realidades. Os cínicos estão errados: Não são poucos os que exultam em ajudar os outros. Assim, ao orientar-se a visão para serviços, cria-se algo que mexe com as pessoas. A eliminação dos maus sistemas converte-se em parte central da estratégia. Quando muita gente adere a esses meios e fins, os efeitos são menores custos e melhores serviços. A ideia funciona em empresas tradicionais, em emergentes de alta tecnologia, em serviços financeiros e em praticamente qualquer outro contexto de negócios.

Estratégias audazes para visões ousadas

Num mundo em aceleração, as visões referentes à mudança, por uma questão de necessidade, tornam-se cada vez mais audaciosas. Hoje, os executivos acreditam que suas visões devem incluir a liderança setorial, o pioneirismo em novos mercados e o baixo custo como vantagem competitiva. Visões ousadas requerem estratégias audazes, e este é o ponto de ruptura do processo. Ótimo. Sejamos os melhores, os pioneiros e o produtor de menor custo. Mas como? Nessas tentativas, os visionários que não forem dotados de grande experiência no desenvolvimento de estratégias ousadas estão fadados ao fracasso. Simplesmente não sabem o que fazer, pois estão lidando com algo diferente de tudo que fizeram antes. Às vezes, afastam-se do óbvio por parecer ameaçador. Outras vezes, convencem-se a si próprios de que pequenas modificações em seus atuais métodos operacionais serão suficientes para realizar a visão. Ou ainda, em face da incapacidade de imaginar qualquer estratégia, concluem que a visão é ridícula, embora esteja longe disso.

O avião não se movimentará!

Debbie Collard

Um C-17 é uma aeronave enorme. Sua cauda ergue-se à altura de seis andares. Vê-lo na linha de montagem é uma experiência incrível.

Em geral, os aviões são montados numa série de locais dentro de uma mesma unidade de fabricação. Chamamos esses locais de "posições". Começa-se a trabalhar num lugar. Depois, ao concluir-se um conjunto de tarefas, transfere-se aeronave para outro local e, em seguida, para outro, até concluir-se a montagem. No caso de um C-17, a fuselagem é montada na posição A; a cauda é acrescentada na posição B; as asas, na posição C; os componentes eletrônicos da cabine de comando, na posição D, e assim por diante. Portanto, precisa-se de um hangar bastante grande para abrigar duas ou três aeronaves, do tamanho de um 747, em diferentes estágios do processo de produção, além de toda a parafernália de máquinas e equipamentos. É uma área enorme. Nesse galpão gigantesco, também trabalham 1.500 empregados, que lidam com muitos milhares de peças.

74   O Coração da Mudança

É um processo de produção formidável, que exige programação e coordenação complexas.

A velocidade com que o avião se movimenta entre as diferentes posições é definida pela programação da produção. Se o trabalho ainda não estiver concluído no momento previsto para a transferência da aeronave para outra posição, como, por exemplo, no caso de falta de componentes, o deslocamento ocorre de qualquer maneira e o trabalho faltante é concluído ao término de todo o processo. Como seria de imaginar, a desmontagem parcial, a instalação de componentes e a remontagem definitiva no final da linha de produção geram problemas de qualidade e atrasos na entrega. Mas essa é a forma de atuação de todo o setor. Nunca ninguém o questionou, como não se colocava em dúvida o trabalho de 9 às 18 horas, nas empresas convencionais.

Assim que chegou à fábrica, Koz deixou claro que as prioridades para o programa do C-17 eram excelência em termos de qualidade, programação e custos, nesta ordem. Ele realmente subiu a barra, definindo uma visão clara quanto à necessária melhoria de desempenho. Apostei que seu discurso inaugural era sempre aquele, com muitos acenos de cabeça do tipo "Certo, chefe". Também apostei que muita gente de fato acreditava naquilo e realmente faria um pouco mais de força. Mas não eram poucos os que viam o atual sistema de produção como a única maneira de fazer um avião e, em consequência, aceitavam certos problemas como inevitáveis. A mentalidade típica era "É, seria ótimo se nunca enfrentássemos falta de peças, mas isso é impossível neste setor". Logo, embora se fizessem pequenos ajustes, a estratégia de produção total estava longe de corresponder às expectativas de Koz.

Então, um dia, ele levantou-se numa de nossas reuniões gerenciais e declarou: "Não mais movimentaremos os aviões que não estiverem completos em cada posição. Qualidade é a nossa prioridade número um e será o nosso principal foco. Enquanto o avião não estiver pronto, e sem problemas, ele não sairá do lugar. Ponto."

É possível que alguns de seus subordinados diretos, em especial, tenham achado que Koz estava louco. Eles nunca conseguiriam entregar os aviões no prazo daquela maneira. Jamais. Seria impossível. Todo o mundo sabia disso. Alguma coisa sempre atrasaria a montagem do avião e os empregados ficariam coçando o saco à custa da empresa. Seria mais fácil que as secretárias fabricassem carros no quinquagésimo nono andar da torre da Sears, em Chicago.

Desenvolver a visão certa **75**

Todos já tínhamos ouvido antes a ladainha da qualidade, mas lá estava um cara nos dizendo que nada andaria se não estivesse perfeito. Mas Koz demonstrava a mais absoluta convicção de que aquela ideia radical estava certa. E se suas palavras não nos convencessem, teríamos de olhar o dia inteiro para um avião parado à nossa frente, até que estivesse completo naquela posição. O dia inteiro sem se mexer.

Depois da declaração de Koz, as coisas começaram a mudar com mais rapidez. O fato de que não mais se toleraria o trabalho fora das respectivas posições significava que a pontualidade no recebimento das peças e componentes era um fator crítico. Nosso pessoal de compras se imbuiu de um nível de motivação que eu nunca vira antes, desenvolvendo todos os tipos de estratégias de mudança para as suas operações. E — por mais incrível que pareça, pois isso era impossível — conseguiram que os fornecedores também mudassem seus métodos de operação. Assim, passamos a receber as peças e componentes certos, na data prevista! Ninguém queria ser a causa da paralisação do avião, ninguém queria ficar em situação embaraçosa, ninguém queria prejudicar a empresa, ninguém queria comprometer sua carreira e ninguém queria decepcionar Koz. Assim, começamos a demolir paredes. À medida que se acumulavam os indícios de que essa ideia maluca talvez desse certo, mais pessoas aderiram ao programa, enquanto muitas outras descobriam maneiras de vencer as barreiras remanescentes. Quando não conseguiam fazê-lo sozinhos, procuravam Koz com ideias específicas, às vezes muito inteligentes, quanto a certas necessidades e quanto a possíveis soluções para alguns problemas renitentes. Koz, então, trabalhava com eles para eliminar os obstáculos. Por exemplo, se fosse necessário que Koz conversasse com o presidente do fornecedor de peças, lá estaria ele, no dia seguinte, vendendo seu peixe.

A permanência dos aviões nas posições até concluir-se a montagem naquele estágio eliminava todos os tipos de maus hábitos. Não mais se podia dizer: "Evidentemente, algumas peças sempre serão entregues com atraso. É a vida." Não, obrigado. Isso não é a vida. Pelo menos a nova. Talvez seja a que conhecemos muito tempo atrás.

Para encurtar a história, transformamos o lugar. Como resultado, a qualidade melhorou e muitos de nossos aviões passaram a ser entregues com antecedência em relação à data programada!

Até hoje ainda se conta essa história, desde o chão de fábrica até as suítes executivas. "Ele disse que o avião não se movimentaria. Ponto."

76   O Coração da Mudança

Se Koz não desfrutasse de suficiente respeito e credibilidade entre seu pessoal, se eles não sentissem certo senso de urgência ou se achassem que a nova visão era tolice, a abordagem não teria dado certo. Os fundamentos não estariam presentes e as pessoas bolariam muitos estratagemas inteligentes para solapar a autoridade do chefe. Entretanto, como as primeiras fases do processo de mudança tinham sido percorridas com um mínimo de efeitos positivos, inclusive com a intensificação do senso de urgência, em virtude de suas próprias ações, a estratégia ousada ajudou a realizar a visão audaz.

Imagine o que poderia ter ocorrido nesse tipo de situação — conforme realmente acontece com muita frequência. Cenário 1: Koz jamais tentaria algo tão ambicioso e prosseguiria na sua monótona pregação. Seu pessoal continuaria a assentir com indolência: "Sim, chefe". Nunca se desenvolveria qualquer estratégia ousada. A visão jamais seria realizada. Cenário 2: Se Koz passasse a falar mais alto e a exercer mais pressão, o resultado seria o agravamento da raiva e do medo. Ele poderia exigir que lhe enviassem novos planos estratégicos. O pessoal, por seu turno, talvez engendrasse algum tipo de conspiração coletiva. Planos "lógicos" seriam apresentados, cheios de ideias brilhantes. Por fim, Koz jogaria a toalha, seja por convencer-se de que o pessoal estava certo, seja por puro desespero. Cenário 3: À medida que a frustração e a raiva se difundissem pela força de trabalho, inibindo o desenvolvimento de novas estratégias, Koz também seria dominado pela frustração e pela raiva, desencadeando um círculo vicioso doentio, que terminaria de maneira imprevisível. Cenário 4: Os pessimistas e os cínicos acabariam ganhando a parada, convencendo uma quantidade suficiente de pessoas de que Koz era boa gente, mas ingênuo, ou que não passava de um arrivista mal-intencionado, cuja única pretensão era turbinar sua carreira. Às vezes achamos que esses cenários negativos são inevitáveis, mas isso nem sempre é verdade.

Veja como a situação realmente evoluiu neste caso. O avião parado era um enorme lembrete visual de que algum tipo de ação era necessária e urgente, para que não ocorresse uma hecatombe só Deus sabe de que proporções. Os entusiastas da mudança provavelmente abriram as garrafas de champagne. "Agora, chegaremos a algum lugar!" Outros logo concluíram que a preservação das velhas rotinas

Desenvolver a visão certa **77**

seria a receita certa para o desastre — para a empresa e talvez para eles. Assim, muitas pessoas tentaram desenvolver novas estratégias. À medida que viam o sucesso dos outros, sua fé nas mudanças em andamento aumentava ainda mais. Sem dúvida, não foram poucos os que tiveram medo e raiva. Mas a combinação do otimismo indefectível, ostensivo e permanente de Koz com algumas vitórias a curto prazo instigou o orgulho e o entusiasmo dos empregados. A empolgação e a vibração estimularam ainda mais a ação sensata — e *voilà*, o "milagre" aconteceu.

A necessidade estratégica de velocidade

A velocidade é um dos temas estratégicos mais importantes no salto para o futuro. Com que rapidez devemos avançar? Qual a duração mínima de cada estágio do processo? Quanto tempo se deve alocar para cada onda de mudança?

Às vezes, não chegamos a tratar desses temas, deixando que a mudança evolua em seu próprio ritmo, sem intervenção. Outras vezes, somos irrealistas quanto ao que pode ser feito em poucos meses, muitas vezes porque subestimamos a quantidade e a intensidade das mudanças necessárias. Frequentemente, depois de algumas dificuldades nos passos 1 e 2, adotamos uma programação demasiado lenta para sermos "realistas". Todos esses métodos de lidar com o tempo são perigosos.

Com muito mais frequência, a questão da velocidade é muito simples no mundo de hoje: a resposta é movimentar-se com tanta rapidez quanto possível.

Um corpo na sala

Ron Marshall

Sofríamos de inércia. Precisávamos de mudança, e as pressões ficavam cada vez mais intensas.

Podíamos ter fatiado tudo num processo muito racional, sem açodamento, com a duração de três ou quatro anos: Um elemento de mudança no primeiro ano, outro no segundo. A abordagem reduziria a intensidade

78 O Coração da Mudança

dos fluxos na organização. Além disso, um processo mais longo daria mais tempo para que as pessoas se adaptassem às novidades. Sabemos que certas pessoas reagem com mais lentidão às mudanças. Como um processo de quatro anos significa menos pressa, talvez também ocorram menos erros, e os erros são custosos. E se criássemos muitos problemas a curto prazo e perdêssemos alguns pontos de apoio importantes? Quando se movimentam com mais lentidão, as pessoas têm tempo para desenvolver o senso de envolvimento. Talvez seja até possível infundir-lhes o senso de propriedade. Eu poderia apresentar outros argumentos, mas esse é o quadro — há muitas vantagens em estender o processo por quatro anos.

Quando comprei minha primeira casa em Nova York, anos atrás, a corretora fez um comentário realmente interessante. Endividei-me como doido para ficar com aquele imóvel. O esforço foi realmente grande. Quando fechei o negócio, a corretora olhou para mim e disse: "Esta casa precisa de consertos, de muitos consertos, é um imóvel de 65 anos. Sugiro que você prepare uma lista de tudo a ser feito na casa e complete a obra nos primeiros seis meses. Faça tudo em seis meses." Reagi com irritação. "Você está maluca? Uma casa de 65 anos? Estou duro. Quando pagar a entrada, os impostos, o seu advogado, o meu advogado, ficarei sem um tostão. Além disso, sou um cara disciplinado. Em cinco anos, conseguirei fazer todas as obras." "Não, você não fará", respondeu ela, "porque depois de seis meses você se acostumará com os defeitos. Tudo parecerá bom. Você se habituará a tropeçar no cadáver estendido no chão da sala."

Ainda me lembro da conversa. Para minha grande surpresa, ela estava certa. Tudo que não consertei em seis meses, ficou do mesmo jeito até quando vendi a casa, cinco anos depois.

Algo desse tipo também ocorre com as empresas. O método vagaroso para a realização da visão requer enorme disciplina, como a que é necessária para a reforma de uma casa caindo aos pedaços. Muitas vezes, a organização dá os primeiros passos, fica satisfeita e para. Assim, quando não se age com rapidez, a inércia organizacional sufoca toda a iniciativa. Depois dos primeiros sinais de sucesso — quando se conclui a caiação e se acende a lareira — nem sempre é fácil resistir à tentação de pensar: "Bem, isso já está pronto. Chega de consertos, por enquanto."

Outro problema que se enfrenta com a estratégia de mudança lenta tem a ver com o efeito corrosivo — aquele gotejamento contínuo. O medo, a incerteza e a dúvida impregnam qualquer processo de mudança. "Richard já

Desenvolver a visão certa **79**

foi embora. Será que eu sou o próximo?" E se isso se prolonga por quatro anos, a instabilidade é contínua, o que acaba sendo prejudicial.

Esse tema é crucial. Você talvez já tenha desenvolvido a visão, mas é fundamental definir a velocidade com que pretende convertê-la em realidade. É até possível que em certas ocasiões a morosidade seja a melhor solução — quando a organização está sujeita a menos pressões, quando a resistência interna é esmagadora, quando a empresa é grande demais, quando não se tem uma ideia do que fazer primeiro. Mas esse não era o nosso caso.

Optamos por agir com rapidez. Em retrospecto, foi uma decisão importante.

Obviamente, também é possível movimentar-se com excesso de rapidez e enfrentar sérios problemas, elevando o medo e a raiva a níveis perigosos. Isso acontece, mas devemos ter sempre em mente que, no mundo do século XXI, a velocidade da mudança externa tende apenas a aumentar. Isso impõe a necessidade de que também se acelere o ritmo das transformações internas. Caso você tenha dúvidas sobre se isso é possível, pense no seguinte: "O Videoteipe do Cliente Zangado" (passo 1) foi feito em poucos dias, "Luvas sobre a Mesa de Reuniões" (passo 1) foi o produto de um mês de trabalho, "Pintando Imagens do Futuro" (passo 2) concluiu-se em poucos meses, a reunião crucial em "O General Mollo e eu Flutuávamos na Água" (passo 2) desenrolou-se em uma hora, a parte crítica de "O Avião não se Movimentará!" (passo 3) durou poucas semanas, e a visão em "Custos *versus* Serviços" (passo 3) desenvolveu-se em um mês. Em todos esses casos, alguém com fé e otimismo recusou-se a dizer "Não, não podemos ir mais rápido porque...".

Em "O Corpo", a escolha de uma estratégia de movimentação rápida foi reforçada por uma história vívida e memorável. Esse caso talvez tenha sido contado por Ron a seu pessoal várias vezes. A imagem seria mais um elemento a influenciar as estratégias adotadas. Talvez você imagine que o impacto seria mínimo. Afinal, qual o poder de uma narrativa?

Uma boa regra prática decorre da própria evolução da humanidade, o papel das parábolas, a influência da Bíblia cristã: Nunca subestime o poder de uma boa história.

80   O Coração da Mudança

Um exercício que talvez ajude

Se a equipe de orientação não conseguir desenvolver a visão que norteará o esforço de mudança, ou não estiver satisfeita com a visão já existente, tente o seguinte:

Trabalhe com o grupo na redação de um artigo para a revista *Fortune* sobre os resultados de seu programa de mudanças, projetando-se cinco anos no futuro. Aborde os seguintes aspectos:

- Em que a organização hoje é diferente
- O que os clientes têm a dizer sobre a empresa
- Quais são os comentários dos empregados
- Como se apresentam os índices relevantes

Ao redigir o artigo, levante fatos concretos — inclua citações de pessoas, números reais e descrições detalhadas de um novo produto, serviço ou processo.

Em geral, faça com que realmente pareça um artigo da *Fortune*.

Você pode apresentar a ideia numa reunião e pedir a alguém que redija uma primeira minuta da matéria. Essa versão inicial seria distribuída antes da segunda reunião, na qual se fariam acréscimos, mudanças e assim por diante. Cabe a você decidir, dependendo das circunstâncias específicas, a quantidade e o tamanho das seções.

Para mais informações sobre a criação da visão e de estratégias, ver Capítulo 5 de *Liderando Mudanças*.

PASSO 3

Desenvolver a visão certa

Crie a visão e as estratégias certas para orientar a ação em todos os demais estágios do processo de mudança.

O QUE FUNCIONA

- Tentar ver — literalmente — futuros possíveis.
- Desenvolver visões tão claras que seja possível expressá-las verbalmente em um minuto e por escrito em uma página.
- Criar visões comoventes — como o compromisso de servir às pessoas.
- Desenvolver estratégias bastante audazes para converter em realidade visões ousadas
- Prestar muita atenção à questão estratégica de como promover a mudança com rapidez.

O QUE NÃO FUNCIONA

- Presumir que apenas planos e orçamentos lineares e lógicos são suficientes para orientar o comportamento na tentativa de dar o salto para o futuro.
- Criar visões por demais analíticas, baseadas apenas em dados financeiros.
- Cuidar apenas da perspectiva de cortar custos, emocionalmente deprimente e geradora de ansiedade.
- Elaborar 54 razões lógicas para desenvolver estratégias mais ousadas do que qualquer outra do passado.

HISTÓRIAS PARA LEMBRAR

- Pintando imagens do futuro
- Custos *versus* serviços
- O avião não se movimentará!
- Um corpo na sala

PASSO 4

Comunicar-se para Promover a Compra

PASSO 1
AUMENTAR A URGÊNCIA

PASSO 2
CONSTRUIR A EQUIPE DE ORIENTAÇÃO

PASSO 3
DESENVOLVER A VISÃO CERTA

PASSO 4
COMUNICAR-SE PARA PROMOVER A COMPRA

PASSO 5
EMPOWERMENT PARA A AÇÃO

PASSO 6
PROPICIAR VITÓRIAS A CURTO PRAZO

PASSO 7
NÃO PERMITIR O DESÂNIMO

PASSO 8
TORNAR A MUDANÇA DURADOURA

NAS BEM-SUCEDIDAS INICIATIVAS DE MUDANÇA, a visão e as estratégias não ficam trancadas numa sala com a equipe de orientação. A direção da mudança é amplamente comunicada e difundida em toda a organização, para que seja bem compreendida e realmente "comprada" por todos, no nível mais profundo das pessoas. Objetivo: conseguir que tanta gente quanto possível se empenhe para converter a visão em realidade.

Mas vários fatores contribuem para o fracasso da divulgação da visão. Talvez o mais óbvio seja falta de clareza. As pessoas ficam perguntando: "Sobre o que eles estão falando?" Em geral, essa falta de nitidez significa que o passo 3 não foi bem conduzido. Não há

84   O Coração da Mudança

como divulgar visões e estratégias confusas e ilógicas com clareza e lógica. Mas, além disso, o passo 4 envolve seu próprio conjunto de novos desafios que também são capazes de solapar o esforço de transformação, mesmo que a visão seja perfeita.

Mais do que transferência de dados

Quando divulgamos a mudança em grande escala, as reações comuns são: "Não sei por que precisamos mudar tanto", "Eles não sabem o que estão fazendo", "Nunca conseguiremos fazer tudo isso", "Será que esses caras estão falando sério ou isso é parte de algum jogo mais complicado, que eu não entendo?" "Será que eles estão tentando forrar os bolsos à minha custa?" e "Meu Deus, o que será de mim?" Nos esforços de mudança bem-sucedidos, a equipe de orientação não contesta essa realidade, taxando-a de injusta ou ilógica. Simplesmente lida com ela. Aqui, fator crítico é uma ideia básica: A boa comunicação não é apenas transferência de dados. É preciso mostrar às pessoas alguma coisa que trate de suas ansiedades, que reconheça sua raiva, que seja confiável, que faça sentido em nível mais profundo e que evoque fé na visão. Os grandes líderes agem assim quase que por instinto. A maioria precisa fazer o dever de casa antes de abrir a boca.

Preparando-se para as sessões de P&R

Mike Davies e Kevin Bygate

Três anos depois de iniciarmos o programa de mudanças, todos na organização, da gerência sênior para baixo, tinham um trabalho diferente. Conseguir essa proeza sem prejudicar os clientes foi um grande feito.

O processo básico de divulgação da nova organização baseada em equipes foi executado por vinte gerentes, que também haviam participado do desenvolvimento da ideia. No final, eles haviam conversado com todos os trabalhadores e sindicatos. Em apoio aos vinte gerentes, trabalhamos muito, tanto na apresentação em si quanto na preparação para a sessão de perguntas e respostas (P&R). Imaginamos as várias maneiras como as mudanças afetariam os indivíduos. Em face das incertezas e dos cronogramas, nossos

Comunicar-se para promover a compra **85**

conhecimentos eram limitados, mas empurramos as fronteiras. O objetivo era responder de maneira convincente a tantas perguntas quanto possível, do tipo "O que isso significa para mim". Sem essa espécie de sessões de P&R, tínhamos a impressão de que seria muito difícil para o pessoal aderir à nova trajetória e compreender por que a estratégia baseada em equipes era a mais certa.

Ao nos prepararmos para as sessões de P&R, recorremos aos métodos de "role playing". Os 20 apresentadores eram eles próprios, enquanto o resto da equipe gerencial desempenhava o papel dos empregados. Fazíamos as perguntas mais difíceis que nos haviam ocorrido. Dividíamos as apresentações em esquetes. Assim, enquanto um dos apresentadores estivesse desfiando sua arenga, aparecia um "peão" e dizia: "Minha única experiência é a operação de empilhadeira e não sei nada desse negócio. Isso quer dizer que vou ficar de fora? Vocês vão me pôr na rua?" E antes que a questão assentasse, outro "ator" questionava: "Como decidiremos quem serão os novos líderes de equipe? Como saberemos que o processo será justo? Temos um sindicato porque no passado muita coisa não era honesta. Será que o sindicato não deverá exercer uma função importante em tudo isso?" Quando todos já estavam meio tontos, outro "ator" perguntava, em tom e com ar de suspeita: "Ouvi dizer que essa enrolação não passa de cortina de fumaça para o corte de custos." Quando se tenta lidar com tudo isso de improviso, geralmente fica-se com um ar aparvalhado, confunde-se todo mundo, inclusive o próprio expositor, e semeia-se a dúvida e o tumulto na "força de trabalho".

Criamos um documento de apoio aos apresentadores das sessões de perguntas e respostas, com cerca de 200 perguntas que surgiram durante as atividades de "role playing". Cada uma tinha a sua resposta. Por exemplo, uma das perguntas era: "O que acontecerá com a atual estrutura gerencial e, em especial, com a posição de supervisor de fábrica?" Sem o ensaio prévio, o expositor talvez perdesse 10 minutos na tentativa de responder à pergunta. A resposta prevista no documento demorava menos de 30 segundos. A ideia era sempre responder com o máximo de clareza, concisão e exatidão possíveis.

Nossos 20 "comunicadores" praticaram exaustivamente. Aprenderam as respostas, ensaiaram-nas e repetiram as sessões de "role playing", até que se sentiram seguros quanto a quaisquer tipos de incidentes. Lidar bem com 200 questões talvez pareça muita coisa, mas foi o que conseguimos. Lembre-se

86   O Coração da Mudança

de que isso não era como responder a perguntas primeiro sobre apicultura, depois sobre borracharia e em seguida sobre qualquer outro tópico. Tudo dizia respeito à organização e ao seu futuro. Quanto mais clara sua compreensão a respeito do assunto, mais fácil é a lembrança dos temas e mais naturais são as respostas, de modo a facilitar a comunicação.

Em alguns casos, tratava-se apenas de absorver novas informações. Mas em muitos outros, o problema era como melhor utilizar as informações já disponíveis. As perguntas por vezes são formuladas como afirmações, não como indagações. Nesses casos, talvez estejam mais carregadas de sentimentos do que de pensamentos, e é preciso responder aos sentimentos de maneira adequada. Com a prática, aprende-se a agir assim. Nosso pessoal conseguiu, e a maioria tornou-se muito eficaz, embora não fossem especialistas em comunicação. Eles não foram massacrados. Ao contrário, saíram imbuídos do sentimento de sucesso, e de fato foram bem-sucedidos.

O ponto crítico geralmente era a autoconfiança. Acho que a audiência é capaz de dizer em 30 segundos se os apresentadores realmente acreditam naquilo, se de fato compreendem a situação. Essa convicção torna a mensagem mais aceitável. Para nós, o acolhimento pelos trabalhadores e pelos sindicatos foi fundamental.

Estou certo de que nossa experiência é aplicável a quase todas as organizações. Acho que muita gente abusa da improvisação.

Alguns empregados, ao tomar conhecimento de uma possível fusão ou do desenvolvimento de algum novo produto revolucionário, vibram com a notícia: "Já era mais do que hora." Outros precisarão de ajuda para digerir a novidade. "Acho que isso é ótimo — mas explica a ideia de novo, não sei se entendi o terceiro caso." Mas a maioria ficará nervosa, ainda que imbuída do senso de urgência de fazer algo, mesmo que acredite nos vetores da mudança e por mais sensata que lhes pareça a transformação. Nesses casos, todos os tipos de insegurança vêm à tona. Um certo medo difuso lhes sussurra: "Será que isso me magoará?" Em "P&R", os participantes enfrentaram essa realidade, ao criar uma espécie de encenação que falou a esses sentimentos, que os aliviou, e que até produziu uma certa sensação de euforia e esperança em relação ao futuro. A encenação dividia-se em dois atos: a apresentação em si e a sessão

Comunicar-se para promover a compra **87**

de perguntas e respostas. O roteiro foi desenvolvido tendo sempre em vista a audiência. Quem é o público, o que precisa saber, como responderemos? Com o roteiro em mãos, escolheram-se os atores e ensaiou-se a apresentação. O segundo ato foi dez vezes mais difícil do que o primeiro. Assim, o elenco o preparou-se com uma audiência simulada, talvez mais exigente do que a verdadeira. Só depois de tudo isso os atores sentiram-se seguros para encenar o espetáculo ao vivo. Então:

- Mostraram capacidade de responder com rapidez e clareza, evidenciando que as ideias por trás da mudança não eram confusas.
- Atuaram com convicção, sugerindo que tinham fé no tema do enredo.
- Lidaram com perguntas difíceis, sem cair na defensiva, transmitindo a sensação de que tinham em alta conta o que estavam fazendo pela empresa e pelo pessoal.

Sim, a audiência captou a mensagem, porém, mais importante, tudo aquilo atingiu e modificou seus sentimentos. Em consequência, as mentes se abriram para compreender, sem preconceitos e com mais clareza, qualquer hipótese de mudança, com energia e disposição para fazê-la acontecer.

Desbravando a avalanche de informações

Imagine uma sessão de P&R, planejada com tanto cuidado como a da história anterior, que seja realizada apenas nos 20 minutos finais de um longo dia de reuniões, abrangendo quatro outros temas, nove discursos e outras atividades. Parece ridículo, mas algo parecido é o que se faz a toda hora.

Nossos canais de comunicação estão sobrecarregados. Essa é a natureza da vida moderna. Mas boa parte da enxurrada de informações é irrelevante ou, na melhor das hipóteses, interessa-nos apenas marginalmente. Experiência curiosa, embora perturbadora, seria a seguinte: Filme o seu dia, registrando todas as conversas, cartas convencionais, e-mails, reuniões, jornais, televisão, e assim por

Preparando-se para uma sessão de P&R

Ver
Os empregados assistem antes a uma boa apresentação sobre o esforço de mudança, durante a qual são estimulados a fazer perguntas. Na sessão de P&R, os apresentadores respondem às perguntas com clareza, rapidez e convicção, sem se mostrarem defensivos. Essa atitude demonstra que as ideias não são confusas e que os apresentadores acreditam na visão, estando convencidos de que as mudanças serão boas para todos.

Sentir
O medo, a raiva, a desconfiança e o pessimismo se retraem. O sentimento de alívio se difunde. Instaura-se o otimismo quanto aos benefícios da mudança e revigora-se a fé no futuro.

Mudar
O pessoal começa a comprar a mudança. Perdem menos tempo cultivando a raiva ou promovendo discussões ansiosas entre si. Passam a contribuir de maneira espontânea para a realização da mudança.

diante, que mereceram sua atenção. Depois, analise a fita e veja a porcentagem das informações que realmente eram necessárias para a execução de seu trabalho. O exercício exige alguma sofisticação, pois uma rápida conversa aparentemente irrelevante, por exemplo, talvez seja muito importante, por reforçar o relacionamento com alguma pessoa de quem você depende em seu trabalho. Mas, ainda assim, os resultados da experiência seriam nítidos. Você é atingido todos os dias por um fluxo incessante e intenso de informações, do qual apenas uma pequena parte tem alguma utilidade prática. Acredite ou não, essa fração diminuta talvez seja de apenas 1%. Com a obstrução dos canais, se alguém emocionalmente predisposto quiser compreender a visão da mudança, a informação para tanto necessária talvez se perca em meio à enxurrada.

Parte da solução deve consistir em reduzir o grau de obstrução.

Meu portal

Fred Woods

Um dos maiores obstáculos que inibe a mudança significativa em nossa empresa é a incapacidade de transmitir mensagens importantes a nossos 120.000 empregados. Nosso pessoal é bombardeado com grandes volumes de informação, oriundos das mais diferentes fontes. Primeiro, chega uma mensagem sobre sua conta individual no plano de aposentadoria complementar. Depois, é um memorando do supervisor de TI sobre segurança das informações internas. Em seguida, vem alguma brochura de um comitê de ação política, tentando levantar dinheiro. Tudo isso se concentra logo de manhã cedo, todos os dias. Às vezes, tenho a impressão de que eles ficam simplesmente paralisados e não leem nada disso.

Quando viajo com Doug, nosso CEO, para participar de reuniões coletivas com os empregados, sempre alguém faz observações ou perguntas do tipo "Eu não sabia isso ou aquilo..." ou "Por que não conversamos mais sobre blablablá..." A resposta de Doug é invariavelmente do mesmo tipo: "Saiu um artigo na *Barron's* da semana passada sobre isso" ou "Conversamos sobre esse assunto três vezes em nossa reunião do mês passado". Em seguida, lança-me um olhar severo, pois tem a impressão de que não estou fazendo o meu trabalho de comunicação, ou seja, que não estou transmitindo informações relevantes ao pessoal. Mas, na verdade, sempre enviamos informações aos empregados. Eles apenas não se lembram do conteúdo das mensagens, ainda que as tenham recebido há apenas 10 dias. Desde então, já receberam tantas informações que já se esqueceram do passado recente. Ou deixaram acumular uma pilha enorme e ficaram paralisados, pois daí a 15 minutos estariam recebendo seis clientes exigentes. A saída foi deletar todos os e-mails e jogar os papéis na cesta.

Estamos em vias de tentar mudar essa situação.

Sem dúvida, os líderes são os principais responsáveis pela comunicação. Não há como transferi-la para especialistas. Mas podemos ajudar com a desobstrução dos canais. Hoje, esse é o nosso foco.

Analisamos a natureza do fluxo de informações para os empregados e concluímos que 80% do que recebiam todos os dias estava sendo empurrado em cima deles. Não haviam pedido aquelas informações e provavelmente não precisavam daquilo. Simplesmente as recebiam, quisessem ou não.

90   O Coração da Mudança

> Para enfrentar o problema, buscamos inspiração na Yahoo.com. Estamos no processo de desenvolvimento de um site para os empregados, onde lançamos informações diárias. Inspirados na ideia do MyYahoo!, criamos o que chamamos de Meu Portal (My Portal), pelo qual os empregados terão condições de personalizar as informações recebidas em seus computadores. Com base em todo o material rotineiro — e é sobre isto que estou falando, material rotineiro — os empregados extrairão informações referentes às suas necessidades específicas no trabalho. E receberão apenas essas informações, nada mais além disso. Essas informações serão de fácil compreensão para eles, induzindo-os à ação imediata ou ficando armazenada para uso oportuno.
>
> Depois de implementado e em funcionamento, Meu Portal será um grande passo para reduzir a enxurrada de informações rotineiras que hoje engolfa os empregados e para facilitar a recepção das mensagens não rotineiras realmente importantes. Não dispomos de indicadores precisos, mas todo o *feedback* inicial mostra que as pessoas estão entusiasmadas com a expectativa de receber muito menos informações irrelevantes e de personalizar uma ferramenta que lhes permitirá melhor compreensão das questões de fato relevantes. Meu Portal será importante não só para a empresa, mas também para os usuários, que realmente apreciarão nossa iniciativa de livrá-los do assédio de informações inúteis.

Meu Portal está longe de ser uma panacéia. Mas é um exemplo interessante do uso de novas tecnologias para reduzir o monturo de informações. Contudo, decerto encontrará resistências. "O quê?", dirá o burocrata de marketing, pessoal ou finanças. "Todo o mundo deve conhecer essas informações sobre X. É preciso enviá-la sem restrições." Assim, teremos de aprender a lidar com situações desse tipo, nas quais não se abre mão dos velhos meios de comunicação. Mas, lembre-se, sem um canal desobstruído, é impossível influenciar os sentimentos e promover os comportamentos desejáveis.

O conceito de desobstrução ou desentupimento é proveitoso e pode ser aplicado em muitas situações. Com a tecnologia de hoje, por que cargas d'água todos receberiam o mesmo jornal interno da empresa, apinhado sobretudo de informações de baixa relevância? Já sabemos que em vez de comprar 100 páginas do jornal local de sua cidade, você pode acessar apenas duas páginas pela Internet, tratando somente dos tópicos relevantes para a sua vida. Se isso é possível em âmbito tão amplo, por que não seria viável numa organização? Da mesma maneira, por que tantas pessoas devem comprimir-se em reuniões de importância apenas marginal para a maioria dos presentes? Todos odiamos essas situações, que apenas contribuem para a sobrecarga de informações (e para aumentar a nossa raiva). Tudo isso já era problema num mundo mais lento. Nos contextos em rápida evolução, essas dificuldades são ainda maiores.

Combinando palavras e feitos

Os indivíduos que trabalham em empresas bem-sucedidas na realização da mudança são muito mais eficazes na eliminação do hiato destrutivo entre palavras e feitos.

Os feitos são altissonantes e persuasivos. Quando se diz uma coisa e faz-se outra, o sentimento de cinismo cresce em progressão geométrica. Em sentido contrário, quando se age conforme o discurso, a pregação torna-se extremamente poderosa. Anuncia-se um esforço de mudança para tornar a cultura organizacional mais participativa e em seguida, pela primeira vez, muda-se o formato da reunião anual com os gerentes, de modo que se desenvolvam conversas autênticas, em vez de meros acenos e gestos de assentimento contínuo, com uma pequena sessão de P&R ao final. Prega-se a inovação incessante e logo em seguida transforma-se em heróis os proponentes de ideias criativas. Fala-se de globalização e ato contínuo, nomeiam-se dois estrangeiros para a alta gerência. Enfatiza-se a redução de custos e eliminam-se as extravagâncias das suítes executivas.

Arrasando o andar dos executivos

Laura Tennison

Quando divulgamos nossa visão do futuro, pensei que estávamos recebendo manifestações de aceitação e até de algum entusiasmo. Mas, então, passei a ouvir certos comentários no sentido de que alguns empregados achavam infame pretendermos atuar como produtor de baixo custo

92 O Coração da Mudança

e, ao mesmo tempo, mantermos instalações tão grandiosas para a alta gerência. Literalmente, o que diziam era: "Será que esse negócio de melhorar a produtividade é pra valer, quando vocês desperdiçam tanto dinheiro com a manutenção do andar dos executivos?" Na minha opinião, essas pessoas estavam certas. E quanto mais falavam mais se difundia o sentimento de indignação.

O andar dos executivos em nossa sede corporativa era de fato portentoso. As salas eram enormes. A piada era que se podia jogar futebol de salão no escritório do chairman. Praticamente todas as suítes tinham uma sala de reuniões contígua e banheiro privativo completo, inclusive com chuveiro. O madeirame decorativo era suficiente para construir uma bela embarcação. O andar contava ainda com elevador privativo e com sistema de segurança próprio, que demandava um staff de pelo menos quatro pessoas. As paredes mais pareciam de uma galeria de arte. Era incrível.

Mas o andar dos executivos tinha sua razão de ser. No passado, não pagáramos muito caro pelas instalações e aquela pompa era um dos principais benefícios não monetários de pertencer à alta gerência. Alguns grandes clientes às vezes avaliam a solidez de um fornecedor em função da aparência de prosperidade e solidez de suas instalações físicas. A complexa segurança própria foi a consequência de alguns incidentes desagradáveis na década de 1970.

Em face dos comentários negativos, promovemos alguns debates sobre o problema. Podíamos retirar os banheiros, exceto o da sala do chairman. Talvez fosse o caso de transformar algumas das salas de reuniões em escritórios. Ou quem sabe doar ou emprestar os objetos de arte mais valiosos a um museu? Mas as discussões não levaram a lugar algum. "Essas ideias resultarão em maiores gastos iniciais e estamos tentando exatamente reduzir as despesas." "Enfrentamos sérios problemas competitivos. Por que nos preocuparmos com móveis e utensílios?"

Dois anos atrás, assumiu um novo CEO. Lembro que fiquei pensando se ele faria alguma coisa em relação ao andar executivo. Não precisei matutar durante muito tempo.

Quase imediatamente após tomar posse, ele arrasou toda a área. Demolimos tudo de alto a baixo. Durante as obras, o pessoal foi remanejado para outro andar. Depois de tudo concluído, os escritórios ficaram menores. Os banheiros desapareceram. Aumentamos a quantidade de salas de reuniões, mas nenhuma é exclusiva de qualquer executivo. A nova decoração é mais leve, parece mais contemporânea e é notoriamente menos dispendiosa do que a anterior. Incorporamos mais tecnologia e reduzimos a quantidade de secretárias. Convertemos o elevador expresso em mais um elevador coletivo, de uso geral. Vendemos os objetos de arte. Também tornamos a segurança menos ostensiva e mais baseada em detectores e alarmes.

Acho que só o efeito do anúncio da decisão já foi muito forte. À medida que as pessoas viam os resultados finais e conviviam com a transformação, o impacto tornava-se ainda mais intenso. Para quem não viveu a situação, é difícil acreditar na força daquela mudança. Finalmente, o clube dos ricos era coisa do passado.

A única crítica possível à iniciativa seriam as despesas com a reforma. Mas não era difícil demonstrar que o aumento da quantidade de salas, a redução do número de secretárias, a venda dos objetos de arte e a diminuição dos custos com segurança ofereciam um período de retorno, ou *payback*, de 24 meses, e que, depois disso, os custos operacionais seriam muito mais baixos. Não sei quantas pessoas estavam conscientes dessa vantagem adicional ou se importavam com esse aspecto. Realmente relevante era os executivos estarem agindo conforme o discurso.

Por pelo menos três motivos a compatibilização entre palavras e feitos é geralmente difícil, mesmo para uma equipe de orientação dedicada. Primeiro, às vezes nem se percebe o desencontro. "O que o tamanho dos escritórios tem a ver com assuntos realmente importantes: redundância de atividades, muitos níveis burocráticos, processo de compras deficiente?" Segundo, ainda que se perceba o desencontro, subestima-se sua importância e dedica-se pouco tempo à busca de soluções. "A reforma do andar custará muito dinheiro. Não há como fugir dessa realidade." Terceiro, mesmo que se conheça a solução, não se gosta dela (salas menores, sem banheiro!).

Nas iniciativas de mudança de grande sucesso, os membros da equipe de orientação ajudam-se mutuamente também sob esse aspecto. Ao fim de cada reunião, talvez se perguntem: "Será que nossas atitudes na semana passada foram compatíveis com nossa visão da mudança?" Quando a resposta é não, como ocorre quase sempre, a pergunta seguinte é: "O que fazer agora e como evitar esse erro no futuro?" Imbuídos de forte senso de urgência, de estreitos vínculos

94 O Coração da Mudança

emocionais uns com os outros e de profunda crença na visão, os líderes da mudança fazem sacrifícios pessoais.

A comunicação honesta pode ser de grande ajuda até com os empregados mais cínicos. A posição da equipe de mudança deve ser: "Também nós devemos mudar. Como vocês, não conseguiremos resultados imediatos, ou seja, as incoerências entre o que dizemos e fazemos no começo serão inevitáveis. Para superar essa dificuldade, precisamos da ajuda e do apoio de vocês, assim como faremos tudo para ajudá-los e apoiá-los."

Em geral, aprecia-se a honestidade. Ela faz com que as pessoas se sintam mais seguras. A integridade é importante mesmo quando a mensagem não é a que se gostaria de ouvir.

Novas tecnologias

A comunicação eficaz da visão geralmente resulta da troca de mensagens francas entre seres humanos. Mas as novas tecnologias, não importa quão frias e desumanas, são capazes de oferecer canais úteis para a difusão de informações, como transmissões por satélites, teleconferências, webcasts e e-mails.

Embora a imagem do chefe transmitida por satélite não surta o mesmo efeito de sua presença ao vivo, seu impacto é muito maior do que a de um simples memorando. Até um vídeo de uma reunião do chefe com alguns empregados tem mais conteúdo do que informações por escrito.

Além disso, as novas tecnologias podem contribuir para a solução de problemas de comunicação com muita criatividade. Por exemplo, uma dessas dificuldades é a descontinuidade das mensagens. O presidente está na sala, mas sai de repente. O memorando é bom, mas acaba no lixo. Assim, o que jamais é interrompido? O que continuaria dia e noite transmitindo uma mensagem incessante?

O protetor de tela

Ken Moran

Antes de nossa iniciativa, não tínhamos um padrão de protetor de tela. Todos escolhiam o seu próprio modelo — algum tipo de papel de

Comunicar-se para promover a compra **95**

parede, qualquer coisa baixada da Internet. Sua manhã normal talvez seja algo mais ou menos assim: Você chega ao escritório, toma um cafezinho, cumprimenta os colegas, senta-se à mesa, liga o computador ... e começa o seu dia de trabalho. Agora, imagine-se chegando ao escritório, tomando um cafezinho, cumprimentando os colegas, sentando-se à mesa, ligando o computador ... e descobrindo algo diferente. Você olha com mais atenção para a tela do computador e percebe que aquela imagem de um peixe que o cumprimentava todas as manhãs foi substituída por um mapa colorido da Inglaterra, cercado por um círculo azul-brilhante. À medida que a imagem se movimenta lentamente pela tela, você lê as palavras em torno do círculo: "Até 2001, seremos a número um do mercado inglês". Essa foi exatamente a imagem que, certa manhã, uns dois anos atrás, apresentamos a todos os nossos empregados.

Como os protetores de tela pipocaram em todos os computadores ao mesmo tempo, a surpresa foi generalizada. Naquela época, havíamos anunciado recentemente nossa nova visão; assim, o conceito não era novo. O ponto não era lançar a visão dessa ou daquela maneira, mas demonstrar nosso comprometimento com a visão e mantê-la acesa na cabeça de todos. A aspiração de tornar-se a número 1 é muito vaga. Queríamos que todos soubessem que aquilo não era mais um modismo passageiro, ou apenas uma esperança auspiciosa, mas nebulosa. Agora a coisa era para valer, um objetivo absoluto e constante. Ao lançar a mensagem em todos os computadores, para que os usuários vissem o logotipo sempre que ligassem a máquina ou a deixassem parada por algum tempo, descobrimos uma maneira simples de reforçar continuamente nossa mensagem.

Não precisa dizer que o novo protetor de tela foi o tema de todas as conversas, pelo menos naquele dia. "Hoje, quando liguei o computador, aconteceu uma coisa muito estranha... Ah, você também recebeu um da-queles protetores de tela? Será que mandaram aquilo pra todo o mundo? O que eles pretendem com isso?" Nas semanas seguintes, a conversa tornou-se um pouco mais profunda: "Será que a gente consegue ser a número 1 antes de 2001?" Depois, nas próximas reuniões gerenciais, um dos assuntos sempre girava em torno das novas metas: lançar pelo menos cinco novos produtos no mercado inglês até 2001, crescer a taxas supe-riores a 15% ao ano e consolidar a cada ano nossa posição como líder do mercado. "Se atingirmos esses objetivos", diziam, "acho que, definitiva-mente, realizaremos a visão."

96 O Coração da Mudança

Obviamente, havia uns poucos céticos que não se conformavam com o fato de termos removido seus protetores de tela. O sentimento provável entre essas pessoas é que lhes havíamos empurrado o novo protetor de tela garganta abaixo, sem sua aquiescência prévia. No dia em que pela primeira vez apareceu o novo protetor de tela, os protestos talvez tenham sido mais ou menos assim: "Como é que tiveram a ousadia de mexer no meu computador? O que fizeram com o meu velho protetor de tela?" Essas eram as pessoas que também tinham dificuldade em aceitar o fato de que precisavam mudar e o protetor de tela não era o verdadeiro tema das reclamações. Esses eram os indivíduos que pretendiam ignorar a nova visão, descartá-la como nada mais que mais uma mania efêmera e esperar que os ventos mudassem de direção. O novo protetor de tela e as conversas por ele desencadeadas, além de outros meios de divulgação que impregnavam toda a organização, tornou muito difícil ignorar aquela visão ambiciosa.

Em breve, atualizávamos a configuração dos computadores, para incluir novas métricas. O mapa da Inglaterra cercado pelo círculo azul ainda aparecia no protetor de tela, mas mudamos a mensagem ao redor dele. Isso deflagrou novas conversas sobre a visão e as metas. Logo depois, circulei pelos escritórios, perguntando quais foram os resultados do ano passado e quais eram as metas do ano em curso. Muita gente tinha as respostas na ponta da língua. Eram as mesmas pessoas que, um ano antes, talvez não conseguissem expressar a visão da empresa, muito menos expor suas metas.

Continuamos a atualizar o protetor de tela, que logo converteu-se numa espécie de ícone organizacional. Isso é ótimo porque, em vez de uma *newsletter* ou um folheto, que estão aqui hoje e não se sabe onde amanhã, nosso novo veículo de comunicação é um lembrete constante e indefectível da visão e das metas da empresa. É surpreendente o que pode acontecer, quando todos na organização não têm dúvidas quanto à trajetória.

Quando malfeito, um protetor de tela inesperado talvez pareça um Big Brother na mais pura acepção orwelliana. Mas veja os seus efeitos nesta história.

A imagem visual é parte importante deste método. As pessoas leem, sim, mas também veem, com todo o poder do estímulo visual. Outras novas tecnologias oferecem benefícios semelhantes. Os satélites transmitem imagens em movimento. Hoje, as teleconferências com executivos enviam mais do que voz — a audiência conjura uma imagem mental em suas mentes. As apresentações de vídeo pelas intranets são como as transmissões por satélite. Assistiremos a cada vez mais vídeos pela Internet, embora as palavras saiam muito mais baratas como texto.

Do mesmo modo como o tema da urgência (passo 1), nenhum desses métodos nem de longe é suficiente por si mesmo. Mas quando se juntam recursos diversos, como Webcasts, protetores de tela, sessões bem ensaiadas de P&R, nova arquitetura e outras inovações criativas, gera-se um profundo sentimento de adesão. Às vezes, você talvez pergunte a si mesmo se toda essa parafernália de meios de comunicação não absorve uma quantidade absurda de tempo e de outros recursos. Tudo é relativo. Para quem cresceu numa era de mudança incremental, sem muita necessidade de comunicação da visão e das estratégias, o que é indispensável hoje talvez pareça, logicamente, um ônus insuportável. Entretanto, boa parte do encargo decorre de ineficiências. Aprenda novas habilidades, desobstrua os canais, adicione novas tecnologias, e a montanha deixa de parecer tão alta. Tudo se transforma em mais um componente da vida organizacional, que contribui para a criação de um futuro promissor.

Um exercício que talvez ajude

A meta é avaliar com exatidão a intensidade com que as pessoas ao seu redor compreenderam e compraram a visão e as estratégias de mudança.

Método 1
Descubra um grupo de pessoas que seja visto pelos empregados como "seguras". Talvez o pessoal de recursos humanos, que mantém boas relações com a força de trabalho, ou os consultores, que juram confidencialidade e parecem confiáveis. Peça-lhes que conversem com uma amostra representativa de empregados

98   O Coração da Mudança

de sua unidade organizacional (sempre se concentre nos pontos onde você exerce influência). As perguntas são: "Precisamos saber se conseguimos transmitir com nitidez a visão e as estratégias de mudança. Qual o seu grau de compreensão? Elas são sensatas? Parecem atraentes? Você realmente quer ajudar?" Os entrevistadores podem reunir as informações sem mencionar nomes. O exercício não precisa ser dispendioso, mesmo numa organização de grande porte. Essa é a vantagem da amostra.

Método 2

Se sua empresa já pesquisa os empregados todos os anos, por meio de algum "estudo de atitudes" ou algo semelhante, adicione alguns itens relacionados com a questão da comunicação. "Você compreende a visão da mudança?" Este método também é muito barato e fácil, mas é preciso esperar até o ciclo anual.

Método 3

Desenvolva um questionário especial e o envie aos empregados. Aqui é possível incluir mais perguntas do que no método 2, além de não se precisar esperar até determinada época do ano, mas seus custos serão superiores, embora também atraia mais atenção. E, no caso, mais atenção é bom e ruim. Caso você não esteja seguro e tenha aversão a riscos, esqueça a ideia.

Método 4

Apenas converse com as pessoas informalmente sobre os assuntos. Escute atentamente o que dizem, mas também preste atenção aos sentimentos subjacentes.

Para mais informações sobre comunicação da visão, ver Capítulo 6 de *Liderando Mudanças*.

PASSO 4

Comunicar-se para promover a compra

Divulgue com eficácia as visões e as estratégias, para que sejam bem compreendidas e realmente "compradas" por todos, no nível mais profundo das pessoas.

O QUE FUNCIONA

- Manter o processo de comunicação simples e franco, em vez de complexo e tecnocrático.
- Fazer o dever de casa antes de comunicar-se, sobretudo para compreender o sentimento das pessoas.
- Falar das ansiedades, confusão, raiva e desconfiança.
- Retirar o lixo dos canais de comunicação, para que as mensagens fluam com rapidez e sem distorções.
- Usar novas tecnologias pra ajudar as pessoas a compreender a visão (Intranet, satélites etc.).

O QUE NÃO FUNCIONA

- Comunicar-se pouco, o que ocorre o tempo todo.
- Falar como se apenas estivesse transferindo informações.
- Fomentar o cinismo, por não agir conforme o discurso.

HISTÓRIAS PARA LEMBRAR

- Preparando-se para as sessões de P&R
- Meu portal
- Arrasando o andar dos executivos
- O protetor de tela

PASSO 5

Empowerment para a Ação

PASSO 1
AUMENTAR A URGÊNCIA

PASSO 2
CONSTRUIR A EQUIPE DE ORIENTAÇÃO

PASSO 3
DESENVOLVER A VISÃO CERTA

PASSO 4
COMUNICAR-SE PARA PROMOVER A COMPRA

PASSO 5
EMPOWERMENT PARA A AÇÃO

PASSO 6
PROPICIAR VITÓRIAS A CURTO PRAZO

PASSO 7
NÃO PERMITIR O DESÂNIMO

PASSO 8
TORNAR A MUDANÇA DURADOURA

Nos esforços de mudança que alcançam grande sucesso, quando se compreende a visão da mudança e se passa a agir com base nela, a consequência imediata é a remoção das barreiras que dificultam a navegação. Retiram-se as velas em frangalhos e apetrecha-se o barco com novo velame. Substitui-se o capitão exausto e dá-se à tripulação um novo líder, cheio de otimismo.

A palavra *empowerment** encontra-se de tal forma carregado de conotações que algumas pessoas chegam a evitar o seu uso. Não é o

---

* Os termos *empower* e *empowerment*, em inglês, vão além da delegação de autoridade e da outorga de poderes. Em sentido mais amplo, significam dar a pessoas, grupos ou comunidades, principalmente a minorias, meios e condições para atingir determinados objetivos, inclusive eliminando restrições que dificultam ou impedem o progresso. (N.T.)

102 O Coração da Mudança

nosso caso. Na acepção em que empregamos o termo, não se trata apenas de delegar autoridade, transferir atribuições e ir embora. Tudo tem a ver com eliminar barreiras.

Removendo as barreiras impostas pelo "chefe"

Em geral, o principal obstáculo é o chefe — o supervisor imediato ou alguém mais alto na hierarquia, um gerente de primeira linha ou um vice-presidente executivo. Os subordinados compreendem a visão e querem ajudar, mas são inibidos por alguém acima deles. As palavras, as ações e até mesmo certas manifestações sutis do supervisor dizem "Esta mudança é estúpida". A tropa, não sendo tola, desiste ou despende enorme energia na tentativa de superar as barreiras.

Geralmente, lida-se com os entraves impostos pelo chefe de três maneiras. Ignora-se o assunto, envia-se o obstáculo para um breve curso de treinamento ou (raramente) desliga-se, rebaixa-se ou transfere-se a pessoa. Nenhuma das três alternativas são boas soluções; a primeira por motivos óbvios, a segunda porque quase sempre produz poucos efeitos, e a terceira porque, dependendo da forma como for conduzida, aumenta o medo e se converte em fator de inibição em si.

Nos casos de mudanças altamente bem-sucedidas, começa-se enfrentando o problema. Para assegurar a justiça do processo, expõe-se a situação ao indivíduo que é a causa das dificuldades. Quando essa primeira medida não produz resultados, como em geral ocorre, tentam-se soluções mais criativas.

Reequipando o chefe

Tim Wallace

Certo superintendente de nossa empresa, Joe, era considerado tão da "velha guarda" que todos me garantiam que ele jamais mudaria seu estilo. Trabalhava na empresa há mais de 20 anos e tinha muito orgulho de nossos carros. Sempre que um cliente queria uma mudança no produto ou nos processos de fabricação, perdia as estribeiras. Para ele, a empresa for-

Empowerment para a ação 103

necia um ótimo produto e o cliente estava sendo espírito de porco. Quando alguém sugeria qualquer coisa, ele sempre respondia de duas maneiras: já tentamos isso e não funcionou ou já pensamos nisso e decidimos não experimentar. Eu tinha a impressão de que ele era basicamente uma boa pessoa, um profissional talentoso, com enorme acúmulo de experiência, mas que se atolara no velho paradigma. Simplesmente não conseguia analisar nenhuma situação sob o ponto de vista do cliente.

Certo dia, a situação ficou tão tensa que um de nossos melhores clientes disse que precisávamos substituir Joe. Não gostava da ideia de demitir um empregado que provavelmente julgava estar protegendo a empresa. Refleti sobre o assunto e logo voltei a procurar o cliente: "Vamos fazer algo diferente que talvez ajude a nós dois."

Sugeri, então, que Joe trabalhasse na empresa do cliente durante seis meses, por nossa conta. Ele estaria num lugar diferente, com outro chefe. Para tornar a proposta mais atraente, concordamos em arcar com todos os custos. Depois de seis meses, nós o traríamos de volta para nossa empresa, na função de representante do cliente, inspecionando nossos produtos especificamente para aquele cliente. Seria um trabalho diferente do que ele tinha antes, mas ainda uma função importante. A ideia era transformar o indivíduo, até então um obstáculo para todos, em alguém que nos ajudasse ativamente a promover a mudança.

O chefe de Joe achou que o plano não daria certo — é até possível que tenha considerado a ideia meio maluca — mas concordou em levá-la adiante. De início, Joe mostrou-se muito relutante em aceitar a proposta. "Já tenho muita coisa para fazer e não posso assumir outras atribuições." Argumentei que precisávamos de alguém com a sua capacidade de avaliação para nos transmitir o que realmente acontecia quando nossos produtos chegavam na fábrica do cliente. Mas ele era de fato cabeçudo e se recusou a participar do plano. Então, decidimos que o chefe lhe diria que o antigo cargo dele não existia mais, que a escolha era aceitar nossa oferta ou ser demitido.

E assim ele partiu para outro mundo. Sua nova função seria atuar como inspetor de qualidade na fábrica do cliente. Não sei quão difícil a experiência foi para ele no início, mas o fato é que precisou mudar como condição de sobrevivência. Teve de aprender um novo trabalho, numa nova empresa e, principalmente, ver nossos produtos sob o ponto de vista do cliente. Se não o fizesse, fracassaria.

104 O Coração da Mudança

Uma vez que pretendia mostrar resultados e comprovar sua capacidade, tentou encaixar-se na nova função. E quando começou a analisar a situação sob outra perspectiva, logo percebeu que nosso velho produto, que lhe parecia tão bom, não atendia às necessidades do cliente. Concluiu, ainda, que o cliente comprava aquele produto porque não tinha alternativa e os custos de mudança seriam muito altos. Ainda apurou que outro de nossos produtos, que ele também considerava de alta qualidade, não era bem-visto pelo cliente, em face da maneira como o utilizavam em seu processo de produção. Por fim, constatou que a forma como entregávamos nossos produtos gerava outros problemas para o cliente.

Ao procurar-nos para expor suas conclusões, as recomendações de Joe foram surpreendentes em face de seus antecedentes. "A situação não está boa. Vocês não compreendem que, agindo assim, estão prejudicando o cliente. Temos de mudar ou corremos o risco de perder o negócio."

Joe acabou transformando-se no melhor inspetor de qualidade do cliente. Eles o adoravam. Quando voltou para nossa empresa, era um novo homem. A barreira da "velha guarda", o baluarte da resistência à mudança, converteu-se num de nossos melhores gerentes.

Admito que, em relação a muita gente, a situação de fato não tenha jeito ou não justifique maiores despesas. Mas acho que é preciso ser muito cuidadoso quando se ouve que fulano ou beltrano é um caso perdido. Talvez seja verdade, mas também é possível que não seja bem assim.

Nosso trabalho exerce forte influência sobre o que vemos em nossas atividades do dia a dia. A experiência de mudar o conteúdo do cargo pode ser muito vigorosa. O falso orgulho e o sentimento ilusório de que tudo vai bem às vezes evaporam sob a perspectiva da nova função. Para uma pessoa frágil e insegura, que não conte com muito apoio, o medo pode aumentar ainda mais em face da mudança de contexto, a ponto de tornar-se paralisante. Mas, para muitas outras, a experiência às vezes é o catalisador de uma nova vida, arrancando-a da areia movediça do passado e lançando-a no futuro promissor. Para a organização, a experiência é de grande utilidade — no caso dessa história, um gerente incapacitante converteu-se em gerente capacitante e em agente da mudança.

Empowerment para a ação

Reequipando o chefe

Ver
No novo trabalho temporário, em que atua como inspetor de peças para um cliente, o gerente se defronta com os problemas de qualidade que seu grupo vinha criando para aquele cliente. Em sua nova condição, convive com o problema a toda hora, dia após dia.

Sentir
Ao ser forçado a aceitar o cargo, o homem, de início, sente raiva e talvez medo. Depois de uns poucos dias na nova posição, fica surpreso e chocado com suas descobertas a respeito do próprio produto.

Mudar, Ver, Sentir, Mudar
Ele tenta identificar e resolver os problemas de qualidade. Vê os resultados de suas iniciativas e percebe as reações do cliente. Os resultados e reações favoráveis reduzem a raiva e o medo e despertam sentimentos positivos nele. Tenta, ainda com mais afinco, resolver os problemas e ver os resultados, deflagrando-se um círculo virtuoso ver-sentir-mudar. Ao retornar ao empregador, seu comportamento é muito diferente. Não mais dificulta ou impossibilita o esforço de mudança de seu pessoal. Exatamente o oposto — transforma-se em líder de mudança e em fator de capacitação.

Para a gerência sênior, toda a gerência intermediária por vezes parece atuar como barreira à mudança. São a "pedra no caminho" em vez do "caminho das pedras". A gerência sênior quer promover a mudança (não raro com alguma grandiloquência), assim como muitos empregados, mas lá está a pedra no caminho. A grande questão é: Por que será que esse obstáculo atrapalha tanto? As respostas mais comuns são: "Estão presos ao passado", "Não conseguem aprender o novo estilo", "Estão protegendo seu emprego". Sim, talvez, mas essas respostas quase sempre são pessimistas e condescendentes. Quando se analisa a situação com mais profundidade, geralmente se encontram outras explicações mais fundamentais para a existência

106 O Coração da Mudança

da pedra. Muitas vezes, a razão primordial é: os estágios 1 a 4 não foram adequados às características específicas da gerência de nível médio, ou simplesmente não foram executados. Sem um mínimo de senso de urgência e sem muita fé nos líderes da mudança, ou na visão da mudança, qual seria a sua reação, sobretudo se a maioria de seus pares apresentasse os mesmos sentimentos? Você não seria sócio-fundador do Clube da Pedra?

Removendo as barreiras impostas pelo "sistema"

Uma segunda fonte muito comum de incapacitação para a mudança é o conjunto de esquemas que geralmente chamamos de *o sistema*. Uma ou duas décadas atrás, o termo se aplicava, na maioria dos casos, à burocracia sufocante — sucessivas camadas de hierarquia e pilhas de normas e procedimentos — que manietam os empregados ansiosos por converter a mudança em realidade. A burocracia em sentido amplo ainda é um entrave, sobretudo no setor público, mas hoje os componentes do sistema referentes à avaliação e à recompensa do desempenho quase sempre são o problema mais espinhoso.

Os sistemas de avaliação e recompensa tornam-se incapacitantes quando são incompatíveis com a mudança necessária. A visão e a estratégia dizem x, mas a burocracia não só pouco contribui para estimular e premiar as iniciativas que levam a x, mas também ainda inibe as atitudes adequadas. "Queremos que vocês ousem saltar para o futuro", é a mensagem, mas o sistema diz "Ousem saltar para o futuro e vocês receberão um tostão se conseguirem e uma paulada se fracassarem". No sentido oposto, os sistemas de avaliação e recompensa podem ser poderosos fatores de capacitação, ao identificarem e premiarem comportamentos necessários à realização da visão.

Competição mundial

Louise Berringer

Queríamos fazer grandes avanços, verdadeiras rupturas, não 20%, mas 50% melhor. Sabíamos que isso era possível, mas também estávamos

Empowerment para a ação **107**

conscientes de que, por causa de nossa história, a maioria dos empregados resistiria à proposta. Receávamos que a resposta típica fosse: "Já temos problemas suficientes para conseguir 10%." Precisávamos mostrar a eles que a meta era possível, comprovar que eram capazes de grandes conquistas. Foi assim que inventamos a competição mundial.

Concluímos que, se quiséssemos melhorias drásticas, também deveríamos dispor de programas drásticos de avaliação e recompensa, algo muito diferente do convencional. A nova forma de competição mundial possibilita a participação de equipes de qualquer parte de nossas operações em todo o mundo. Depois de inscrever-se, os vários grupos começam a trabalhar em seu "projeto de melhoria". Num primeiro estágio, cada equipe é comparada com as demais em nível local. Na fase seguinte, a avaliação sobe para o nível regional. Por fim, a competição trava-se entre as equipes remanescentes, no nível global.

A decisão final sempre ocorre em algum lugar especial, não aqui na sede, em Frankfurt. Este ano, foi em Bali. O evento ocorreu numa grande sala de conferências, durante um dia e meio, num hotel muito agradável. As finalistas eram dez equipes de várias partes do mundo. O júri era composto de representantes da alta gerência, além de pessoal sênior de alguns de nossos clientes. Cerca de 100 pessoas participaram do evento. Cada equipe tinha de fazer sua apresentação em inglês. Essa é uma das regras. Para algumas equipes, a tarefa é realmente difícil. Seu inglês não é dos melhores e talvez seja sua primeira viagem para fora do país. Certa feita, uma das equipes vinha da Índia, e seus representantes jamais tinham saído de seu vilarejo.

Cada equipe tem 20 minutos para fazer sua exposição. Somos muito rigorosos sob este aspecto. Se a equipe ultrapassa os 20 minutos, soamos um alarme e a apresentação é interrompida. Dessa maneira, limitamos o tempo das apresentações a algo razoável e a audiência consegue dar atenção integral a cada equipe.

Neste ano, as equipes foram muito criativas na maneira como usaram os 20 minutos. Um dos grupos formou um painel de personagens de seu país natal e conduziram a apresentação sob a forma de programa de perguntas e respostas. "Será que um dos representantes do painel me diria o nome da ferramenta que reduz a duração de nosso ciclo em 50%?" Em seguida, as luzes piscavam e os alarmes soavam, até que alguém respondesse à pergunta. Todos estavam devidamente paramentados, fingindo ser um grupo de ansiosos aspirantes ao prêmio, com seus nomes em tabuletas

108 O Coração da Mudança

afixadas ao pódio. Fora do contexto, a situação talvez pareça ridícula, mas foi uma ótima maneira de expor o projeto. Outro grupo encenou uma reunião regular em sua base doméstica, em torno de uma mesa, na qual debatiam o problema e buscavam soluções. Enquanto trocavam ideias, o resto da audiência compreendia em que consistira o trabalho. Muitas equipes trouxeram amostras de seus produtos — desde um minúsculo CD player até um piano eletrônico — apenas para mostrar qual era o tema da apresentação.

Demos a tarde livre para todas as equipes. À noite, voltamos a nos reunir, para as apresentações finais e para a comemoração em si. O evento incluía danças locais, estandes para a venda de suvenires e um jantar numa área externa, nos jardins do hotel, com pratos tradicionais da ilha. Tenho a impressão de que todos os convidados estavam usando trajes típicos por cima de suas roupas normais! O espetáculo aproximava--se do clímax. A música ficou mais animada. Acho que era "We Are the Champions". Anunciaram-se as equipes finalistas. Todas receberam certificados. As demais equipes aplaudiam com entusiasmo! Por fim, chegou a vez da equipe vencedora. Quando subiram ao palco, "Simply the Best" soava a todo o volume.

O projeto da equipe espanhola foi considerado o melhor, dentre um notável grupo de participantes. O líder da equipe recebeu um troféu e cada membro, uma medalha. Todos vestiam camisas com as cores nacionais e não havia um que conseguisse conter as lágrimas. Foi uma cena incrivelmente comovente.

Estamos fazendo isso há três anos. No primeiro ano, foram trezentas equipes, cada uma com a média de sete pessoas. No total, a iniciativa envolveu mais de 2000 pessoas. No ano passado, foram 875 equipes. Neste ano, acabamos de encerrar as inscrições, com 1.400 equipes, envolvendo o total de mais ou menos 9.000 pessoas.

É surpreendente o que esses grupos já conseguiram e continuam conseguindo, assim como a influência que têm exercido sobre quase todos na empresa. Com toda essa divulgação sobre os avanços de 50% e seus efeitos sobre os negócios, as equipes realmente estão produzindo resultados concretos. Mais do que isso, certas pessoas na organização, que, no passado, jamais enfrentariam algumas questões, estão erguendo-se à altura dos desafios. Em alguns casos, tudo isso infringe muitos dos velhos padrões da organização. A verdade é que estamos transgredindo as regras

Empowerment para a ação **109**

convencionais. Pessoas que trabalham em fabricação ou produção estão desenvolvendo novos produtos, algo um tanto afastado de suas atribuições formais; contudo, no dia a dia, se percebem uma falha, logo descobrem uma maneira de eliminá-la e põem mãos à obra, sem se importar com as práticas e os organogramas. Todos se consideram imbuídos de poderes para fazer o melhor pela organização.

Quando pensamos em avaliações e recompensas, a ideia que geralmente nos ocorre é a de dinheiro. Hoje, pouca gente acha que tem recursos suficientes para atender a todas as suas necessidades. Muitas famílias enfrentam dificuldades, mesmo quando dispõem de duas fontes de renda. Assim, quando não se conta com recompensas econômicas para estimular as transformações, talvez se enfrentem barreiras muito resistentes. Mas promoções, aumentos salariais e bônus raramente são suficientes para motivar mudanças de comportamento ou para convencer as pessoas de que os casos de fracasso não serão punidos pelo sistema.

Em "Competição Mundial", temos um outro tipo de avaliação e recompensa. A avaliação não é obra de um único chefe ou produto de um conjunto de indicadores impessoais. As evidências do nível de desempenho não são fornecidas por relatórios. As recompensas não são dinheiro no bolso. Diferentemente, optou-se, mais uma vez, pela encenação de dramas, neste caso, em vários níveis: no âmbito local, depois no regional e, por fim, no palco mundial. O cenário de cada um está repleto de ingredientes memoráveis — a cidade, as cerimônias sofisticadas, os trajes, as apresentações aparatosas e comoventes. A cerimônia de premiação é a coroação apoteótica de tudo isso. Os dramas atingem os sentimentos mais profundos e, depois, convertem-se em histórias vívidas e inesquecíveis, narradas várias vezes aos que não participaram dos eventos, talvez tingidas com as cores ainda mais fortes da imaginação. E a moral das histórias, talvez nas organizações que não estejam infestadas de cínicos, é muito clara: a empresa quer que você salte, se empenha para que você salte e vibrará quando você saltar. Em cada vez que são narradas de novo, é bem possível que essas histórias vibrem cordas do sentimento humano capazes de promover mudanças de comportamento.

110 O Coração da Mudança

Competições desse tipo às vezes não passam de manipulações baratas, concebidas para evitar a remuneração pelo desempenho. Mas as pessoas não são burras e logo se dão conta do que é pura mistificação. A consequência é a exacerbação do cinismo e a incitação da raiva. A sinceridade é crucial e, em muitos casos, requisito não tão difícil para uma equipe de orientação que realmente acredita na visão.

Removendo as barreiras mentais

Em "Competição Mundial", também vemos uma das mais poderosas barreiras incapacitantes: a mente. Depois de anos de estabilidade, de mudanças incrementais ou de tentativas fracassadas de transformação, é possível que os membros da organização internalizem uma descrença profunda quanto à sua capacidade de dar saltos. Talvez não proclamem a plenos pulmões "Sou incapaz de fazer isso", mas, em algum nível mais profundo, este é o sentimento dominante, ainda que não seja verdade.

Todos já vimos essa síndrome. "Não", diz alguém de 60 anos. "Jamais aprenderei a usar computadores." Entretanto, nada há de errado com essa pessoa, em termos de QI, de habilidades manuais ou de capacidade de reter informações, que represente algum bloqueio à ação. O problema, como dizemos, "está todo na cabeça", ou seja, é psicológico e irracional.

Uma boa regra prática é a seguinte: Jamais subestime o poder incapacitante da mente. Outra dica importante: Nunca menospreze a capacidade das pessoas inteligentes de ajudar outros a ver suas possibilidades, de despertar sentimentos de fé e de mudar comportamentos arraigados.

Sobrevivi; logo, você também consegue

Greg Hughes e Darlene McCann

Lembro-me dos velhos tempos, quando tínhamos acabado de formar equipes em toda a organização. No total, criáramos 21 equipes — tarefa em si nada fácil — a fim de descobrir como melhorar os serviços nos diferentes departamentos. Bem, sempre que se constituem equipes, sobretudo

Empowerment para a ação **111**

quando são muitas, algum tumulto é inevitável, em face da incerteza sobre o que está acontecendo, das dúvidas sobre as dificuldades da tarefa de cada um e do desconhecimento a respeito dos rumos da iniciativa. No nosso caso, esse desconforto começou a aglutinar-se em questionamentos sobre a própria possibilidade de realização da visão. Talvez nossas expectativas fossem muito grandiosas, quem sabe não queríamos fazer muita coisa ao mesmo tempo, e será que certas atividades não eram inadequadas às características de determinado departamento etc., etc.

Ao perceber esse clima cada vez mais corrosivo de dúvida e ansiedade, Ron convocou 200 pessoas para uma reunião. No evento, mostrou grande quantidade de gráficos sobre o processo de mudança na Lexmark, seu ex--empregador. Mudança na maneira pela qual lidavam com os clientes e prestavam serviços internos, como, por exemplo, recursos humanos. E prosseguiu durante algum tempo com aquela profusão de quadros e tabelas. Muito em breve, nosso trabalho parecia muito fácil em comparação com tudo aquilo.

Em seguida, vieram os vídeos. Na Lexmark, eles filmaram o processo de entrada de pedidos antes e depois das mudanças. Antes, os participantes não passavam de anotadores de encomendas. Depois, passaram a atuar como gerentes de relacionamento com os clientes, dispondo de ferramentas e de habilidades para comprometer-se com as especificações dos produtos e com os prazos de entrega imediatamente, pelo telefone. Além disso, tinham capacidade para tratar diretamente dos problemas referentes a serviços aos clientes. Sob esse aspecto, não só a qualidade dos serviços prestados, como o próprio nível dos prestadores de serviços passaram por transformações radicais. Por fim, as imagens das conversas entre o pessoal, sobre suas expectativas e visões quanto ao futuro, antes e depois da mudança, acentuando o contraste entre a complacência do passado e a exuberância do presente, realmente vivificavam a visão na nova empresa.

A percepção de tudo aquilo fortaleceu nossa fé. A experiência anterior de Ron, exposta de maneira tão contundente, foi como que uma transfusão de energia renovada. Ao final da reunião, as pessoas pareciam vibrar de novo. "Se a Lexmark conseguiu reduzir o prazo de fechamento de um contrato, de um mês para três dias, talvez sejamos capazes de fazer a mesma coisa com o tempo necessário para emitir licenças de caça e pesca, ou qualquer outra autorização, que hoje só ficam prontas em dois meses. Afinal, não é assim tão difícil. Ron conseguiu, a Lexmark conseguiu; por que não conseguiríamos?"

112   O Coração da Mudança

Isso foi o começo. Um começo acidentado, mas estamos navegando de novo, certo? Bem, nem tanto. Eu participava de uma reunião com o pessoal do depósito, quando irrompeu um debate caloroso que parecia destinado a terminar em conflito total. A equipe estava como que dividida entre veteranos e calouros. Alguns empregados trabalhavam na empresa há menos de dois anos, enquanto outros já tinham mais de 30 anos de serviço. Eram como óleo e água. Os calouros haviam aderido com entusiasmo à nova visão, afirmando que deveríamos abandonar as práticas vigentes e lançar um novo site revolucionário. Não queriam deixar pedra sobre pedra. Muitos depósitos eram redundantes e podiam ser fechados. Nada como a mudança; avante, turma. Do outro lado da mesa, estavam nossos veteranos de 30 anos, indivíduos que haviam participado ativamente da construção de tudo que os calouros agora queriam demolir. Seu grito de guerra era: "Só por cima de nossos cadáveres." Os ânimos se acirravam com rapidez e a situação estava preta.

O jovem consultor que participava da equipe e tentava gerenciar a reunião esgueirou-se rapidamente do recinto e fez o que talvez tenha sido a manobra mais inteligente de sua carreira: chamou Ron. Quando o chefe entrou na sala, o tumulto diminuiu um pouco. Seu discurso foi mais ou menos o seguinte: "Vamos mudar drasticamente todo o processo" — com o que todos os jovens assentiram sem hesitação — "mas não vamos fechar 22 depósitos distritais. Não vamos demitir 6.000 pessoas. Vamos encontrar maneiras menos radicais." A mesma coisa já fora dita antes, mas a velha-guarda achava que isso não era possível. Ron insistiu: "Na Lexmark, por meio de nosso programa de reengenharia, conseguimos reduzir nosso capital de giro. Conseguimos diminuir os níveis de estoque. Mas não fechamos os depósitos; cortamos os custos de carregamento dos estoques. Por exemplo, negociamos com nossos fornecedores de autopeças a entrega imediata dos componentes, de modo a não termos de mantê-los em estoque. Sim, liberamos muito espaço de armazenamento, mas não saímos por aí fechando todos os depósitos. Não promovemos grandes demissões em massa, mas economizamos muito dinheiro com o enxugamento do quadro de pessoal. Vocês podem agir da mesma maneira aqui." Essas observações acalmaram o pessoal; mas eu, pessoalmente, não poderia ter dito nada que surtisse efeito semelhante. Ao contrário de Ron, eu vivera aquela experiência antes. E não foram poucas as vezes em que ele nos salvou de apertos semelhantes.

Quem passa por processos de mudança em grande escala precisa compreender que não é o primeiro a viver essa situação e que outros sobreviveram a mudanças talvez mais drásticas. Essa descoberta de que não se é o único transmite um certo sentimento de consolo e segurança. Mesmo depois que se concordou com todas as ideias gerais, tal percepção ajuda a ignorar ou a contestar as vozes internas que se interpõem no caminho, contribuindo para combater desculpas do tipo "Tudo bem, mas isso dificilmente dará certo" ou "Isso só vai funcionar se passarem por cima de mim". As agruras e, depois, as vitórias alheias consolam, lançam um desafio e transmitem força.

Ao concluir processos de mudança bem-sucedidos, de certa magnitude, a organização desenvolve pessoas que conhecem suas próprias possibilidades e que estão imbuídas de autoconfiança. Esse não era o nosso caso. Para nós, pessoas vindas de fora significaram experiência e esperança, transmitindo a convicção de que seríamos capazes de fazer alguma diferença. Por intenção ou mero acaso, os forasteiros entremearam-se por toda a organização, talvez criando, de início, algum ressentimento, mas depois compensando esse efeito negativo com enormes contribuições positivas. Obviamente, Ron não foi o único. Aldona Valicenti veio da Amoco. Patrice Carroll foi outra caloura em nossa unidade. Esse pessoal, além dos consultores externos, ajudou a acrescentar algo importante. Repetidas vezes, quando tudo parecia descambar para o caos e estar à beira do colapso, os forasteiros eram fonte de estabilidade. Tranquilizavam-nos e davam-nos o rumo. Eram nossa Estrela Polar — os profetas da nova ordem. Cada um trouxe consigo um grande manancial de vivência e segurança, no sentido de que mudanças de tal magnitude ocorreram antes e foram bem-sucedidas. Essa nova perspectiva era realmente crítica.

Sem a convicção de que a mudança é possível, não se parte para a ação, mesmo que se tenha a visão. Os sentimentos de dúvida e insegurança atuam como poderosos inibidores.

Sob certo aspecto, essa história oferece uma tática simples, mas poderosa. Se seu pessoal não tiver experiência com mudanças em grande escala, bem-sucedidas, descubra fontes confiáveis e torne-as constantemente disponíveis. Muitos consultores vivem disso. Evidentemente, caso a coisa não seja benfeita, os forastei-

114 O Coração da Mudança

ros serão aculturados e os consultores, ignorados. Mas isso não é inevitável.

As fontes confiáveis são importantes de várias maneiras. Uma delas é oferecer dados sobre outras experiências: "Descobrimos sete casos, nos últimos quatro anos, que resultaram em economias de US$235.000, em média, nos quais as empresas inexperientes economizaram tanto quanto as experientes." Contribuições desse tipo, quando bem conduzidas, são muito úteis. A lógica bem articulada também é importante. "O método pelo qual reduzimos as despesas baseia-se na teoria de que...". Quando se examina o cerne do que aconteceu em "Eu Sobrevivi", descobrem-se "tumulto", "ansiedade", "desconforto", "raiva" e "antagonismos". Enfim, "sentimentos" de que a mudança não seria possível. Alguns dos fatores críticos ao se lidar com essas emoções foram a narrativa de histórias cativantes e a apresentação de muitos vídeos sobre acontecimentos reais. O conteúdo básico é muito simples: "Isso é possível; você não morrerá no processo; os efeitos finais serão muito importantes." Assim, retraem-se os sentimentos negativos, ao mesmo tempo em que se expandem os positivos. "Vimos e acreditamos". Recebemos "uma transfusão de energia renovada". As barreiras mentais incapacitantes foram rebaixadas e a mudança avançou.

Removendo as barreiras informacionais

A informação é fonte de poder e a falta de informação é sorvedouro de capacidade. Esse era parte do problema em "Reequipando" (falta de informação sobre as necessidades dos clientes), "Competição Mundial" (informação sobre como melhorias de 50% eram possíveis) e "Eu sobrevivi" (informação sobre iniciativas de mudança bem-sucedidas).

Uma das formas de informação mais poderosas é o *feedback* sobre nossas próprias ações. É surpreendente como sabemos pouco sobre como gastamos nosso tempo, sobre como interagimos com os outros e sobre como nos movimentamos fisicamente. Quando recebemos *feedback*, a informação em geral é fornecida por outras pessoas, quase sempre soando e parecendo subjetiva. Assim, acabamos com poucas informações válidas ou com informações não

Empowerment para a ação   **115**

confiáveis. Em ambos os casos, enfrentamos maiores dificuldades para realizar a visão. Mas não precisa ser assim.

Fazendo filmes no chão de fábrica

Rick Simmons

Durante muitos anos, a gerência sênior visitava a fábrica com regularidade, para "inspecionar as coisas". No final, o gerente da fábrica recebia somente informações sobre o que necessitava de aprimoramento. "Isso não está bom. Conserte. Não faça aquilo." Nada era positivo. Apenas o que devia ser melhorado. Bem, numa dessas visitas, Tim, nosso executivo de divisão, disse que, por causa do novo esforço de mudança, não haveria outras inspeções na fábrica, acrescentando que era importante "capacitar" a força de trabalho. Essa seria a maneira como realmente adotaríamos as melhores práticas. E a tarefa não competiria à alta gerência, pois os gerentes seniores não dispunham de tempo nem de informação.

Tentamos seguir aquela nova orientação. Mas foi algo do tipo "preparar, apontar, atirar" no pior sentido. Foi o caos. Capacitação, no sentido amplo de empowerment, significava envolvimento. Assim, passamos a realizar reuniões de aprimoramento dos empregados, e, durante meses, as reuniões se sucederam ininterruptamente. Mas as pessoas realmente não sabiam o que fazer. Depois de algum tempo, as reuniões descambaram em sessões de reclamação. "Não conseguimos números exatos sobre os estoques, porque os relatórios sempre chegam com um mês de atraso; assim, qual é a utilidade desses relatórios? Desse jeito, não adiantam nada." "Por que nossos equipamentos de solda estão sempre quebrando? Se tivéssemos mais máquinas, não enfrentaríamos esse problema." "Se recebêssemos melhor orientação da sede corporativa, não estaríamos atolados nesse lamaçal." "Vocês sabem quanto tempo estamos perdendo com essas reuniões?" Menos pessoas passaram a comparecer às reuniões, e os que vinham sempre reclamavam: "Qual o objetivo disso? Pelo jeito, não vamos chegar a lugar algum." As reuniões de fato tornaram-se desagradáveis. Finalmente, percebemos que não estavam levando a nada e decidimos tentar algo completamente diferente. Mas o objetivo final de capacitação do pessoal permaneceu inalterado.

116 O Coração da Mudança

Pegamos duas equipes que considerávamos muito receptivas a coisas novas e começamos a filmá-las no trabalho. Obviamente, eles concordaram com a iniciativa. Não era nada invasivo. Seria no mínimo uma forma mais eficaz de compreender como realmente operávamos. Tim já nos fornecera equipamento para filmagem e reprodução de videocassete, mas até aquela altura, as equipes não haviam feito nada com os novos recursos.

Começamos com o acompanhamento do processo de fabricação de determinado produto. Era uma sequência longa e registramos tudo, desde o recebimento da matéria-prima até a entrega do produto final na expedição, além das atividades de embarque para o cliente. Lá estavam as imagens de Tyron preparando o material para soldagem, de Claude fazendo a soldagem e de Sam testando a resistência das soldas. De início, a coisa parecia estranha e as piadas eram comuns. "Dizem que a câmera engorda dez quilos." Durante algum tempo, as pessoas eram mais cautelosas e as cenas pareciam artificiais. Mas depois que filmávamos alguém repetindo as mesmas atividades várias vezes, o "ator" acabava executando suas tarefas sem ligar para a nossa presença. Demorávamos em média um dia para filmar toda uma atividade de produção, mas os resultados foram surpreendentes.

Quando nos sentávamos e assistíamos à fita, percebíamos com clareza que os operadores caminhavam literalmente alguns quilômetros dentro da fábrica para produzir determinado equipamento. Quando trazíamos a equipe que havíamos filmado para assistir à fita, as ideias logo começavam a brotar em profusão. Sugeriam novas maneiras de reorganizar o layout das máquinas, de modo a reduzir as distâncias e a perda de tempo. Observando-se a si mesmos na fita, percebiam que tinham de ir ao almoxarifado, sempre que precisavam de nova ferramenta. Bastava assistir ao vídeo, para que os demais presentes comentassem entre si: "Por que já não começo a trabalhar com todo o conjunto de ferramentas a meu lado?" "Olha quantas vezes eu me inclino para apanhar a chave inglesa com que aperto aquela porca." "Talvez se tivéssemos alguém para arrumar os equipamentos e materiais de conserto que usamos para fazer a manutenção das máquinas, receberíamos tudo isso com o almoxarife de manutenção, em vez de irmos pessoalmente até o almoxarifado central. Se fosse assim, garanto que completaríamos o trabalho em muito menos tempo."

Desse modo, as equipes começaram a pensar em opções que tornariam o trabalho mais fácil e mais seguro. Um dos membros da equipe montou uma maquete de madeira de dois conjuntos de máquinas, dispondo-as na posição anterior, antes da mudança do layout, para mostrar como a nova disposição reduzia o espaço percorrido pelos operadores e, em consequência, a duração do ciclo de operação. Essa comparação realmente nos ofereceu uma imagem tridimensional da mudança. Isso nos ajudou a explicar o conceito às outras equipes e aos clientes que eram convidados para visitar a fábrica por Tim e pela equipe de vendas. Ninguém pediu a esse empregado para criar esses modelos da fábrica. Ele apenas achou que aquilo seria útil.

Todas as propostas de melhoria deviam ser avaliadas como um típico argumento de negócios, antes de receber a aprovação final. Assim, todos dispunham de ampla liberdade para realizar experiências e apresentar propostas. Mas as filmagens tornaram-se ferramentas muito importantes para os trabalhadores, ao facilitar a apresentação e disseminação de boas ideias.

Os vídeos em si continuaram em uso. Mantivemo-los em arquivos históricos referentes aos tipos de mudança que havíamos implementado. Depois das primeiras filmagens, procuramos melhorar a qualidade dos vídeos, tornando-os mais profissionais. Hoje, dispomos de centenas de exemplos de fitas, mostrando as práticas antigas e o que fizemos para torná-las mais eficientes. Também acompanhamos as reduções de custo, aumento de segurança e melhoria da qualidade resultantes das inovações. Hoje, costumamos mostrar essas fitas aos visitantes e aos novos empregados. Isso nos ajuda nas tarefas de recrutamento e seleção, assim como na melhoria do relacionamento com os clientes. E, não menos importante, fomenta o senso de orgulho das equipes, ao apresentarem seus projetos de melhoria.

Também reformamos a sala de reuniões da fábrica, de modo a acomodar mais pessoas interessadas em assistir às fitas e discutir ideias para a melhoria das operações. A nova sala de reuniões converteu-se em misto de casa de espetáculos e ponto de encontro para o debate de sugestões. Todas as fitas que documentam as mudanças na fábrica lá estão guardadas para acesso a qualquer momento. E pensar que tudo começou com uma câmera de vídeo cujo preço é inferior a 1% do valor de algumas das máquinas da fábrica.

O Coração da Mudança

Nessa história, a primeira tentativa de capacitar a força de trabalho não deu em nada, por um motivo muito comum: os empregados passaram a dispor de maior autoridade decisória; participaram de reuniões a fim de aprender a exercer essa autoridade; mas receberam poucas orientações e poucas ferramentas para eliminar as verdadeiras barreiras. A confusão daí resultante era previsível.

Na segunda tentativa, usaram uma câmera para ajudar a fornecer *feedback* aos grupos de trabalho. As imagens sensibilizaram o pessoal e todos passaram prestar mais atenção. Todos se deram conta pela primeira vez de certos aspectos de suas atividades, de que até então não estavam conscientes. E, assim, as possibilidades de melhorar suas vidas no trabalho tornaram-se muito maiores, despertando em muita gente um sentimento de vibração e de otimismo quanto ao vasto potencial de sempre fazer melhor. Esses sentimentos redundaram em algumas mudanças úteis, como a adoção de maquetes em madeira. Quando as mudanças produziam resultados positivos, o *feedback* era imediato, o orgulho inflava e o círculo virtuoso reiniciava-se mais uma vez.

Não fazendo tudo de uma vez

O empowerment é bem-sucedido quando se compreendem as ideias. Os resultados são positivos porque se identificam corretamente os principais obstáculos e as suas causas. O processo em si consiste em reunir dentro de cada um a suficiente massa crítica de coragem e autoconfiança.

As pessoas atuam com uma certa covardia, ou pelo menos parecem agir assim, por muitas razões. Em geral, os motivos são problemas com o chefe, com toda a camada de gerentes de nível médio, com o sistema de recompensas, com o sistema de informações, além de bloqueios mentais e outras dificuldades. Esses desafios às vezes parecem esmagadores porque, na realidade, no conjunto, *são* de fato opressivos.

Mas, na verdade, não há por que ser esmagado, não importa quão complexa a situação. Existe uma solução, e é simples: Não tente ser tudo ao mesmo tempo.

Empowerment para a ação **119**

Harold e Lidia

Jeff Collins

Duas pessoas de nosso escritório de San Francisco, Harold e Lidia, sentaram-se comigo no ano passado (sou de recursos humanos da sede corporativa) para analisar as barreiras existentes em sua área de atuação, que inibiam o processo de desenvolvimento de importante conceito de novo produto. A certa altura, as paredes da sala estavam recobertas de folhas de papel com anotações. Muitos problemas, como o sistema de remuneração imposto pela sede corporativa, fugiam totalmente ao controle deles. Essas questões foram deixadas de lado. Quanto ao resto, selecionaram-se dois temas focais. O primeiro referia-se aos líderes das equipes de engenharia, pessoas da mesma área, que combatiam brutalmente as novas ideias. O segundo era a ausência de qualquer processo formal para a captação de *brainstorms* sobre novos produtos.

A primeira providência consistiu em levar dez pessoas da área para um evento fora do local de trabalho (todo o grupo tem cerca de 20 a 30 pessoas). Durante a reunião, os participantes conversaram abertamente sobre o que vinham fazendo, em conjunto, para bombardear as novas ideias e concordaram em se ajudar reciprocamente para evitar a prática. Não tentaram atuar sobre os chefes; concentraram-se em si próprios. Também esboçaram um mecanismo que ajudaria as pessoas a falar com mais franqueza e apresentar sem inibições quaisquer ideias sobre novos produtos. Não é nada mais sofisticado do que uma caixa de sugestões, mas é um sistema.

Ao retornarem do evento, os dez participantes continuaram a trabalhar nos dois assuntos. Mudar o próprio estilo era um desafio, especialmente para quatro membros do grupo. Algumas pessoas que não participaram do evento reagiram com suspeita ou manifestaram total desinteresse pelo sistema de sugestões. Entretanto, durante os dois ou três meses seguintes, geraram-se dez novas ideias, uma das quais mostrou-se extremamente promissora.

Acho que essa história simples é muito importante em face do que Harold e Lidia não fizeram. Não resolveram trabalhar em 15 temas ao mesmo tempo. Se eu estivesse no lugar deles, talvez caísse na armadilha de pretender resolver tudo de uma vez. Ao contrário, trabalharam com muito

120   O Coração da Mudança

mais pragmatismo e foco. Até agora, a solução tem sido extremamente eficaz. Eles estão desenvolvendo um processo radicalmente diferente para o desenvolvimento de novos produtos na Costa Oeste, e tudo indica que em breve lançarão um protótipo revolucionário. Em face de nossos antecedentes na última década, isso representa um grande progresso.

Para mais informações sobre empowerment de empregados, ver o Capítulo 7 de *Liderando Mudanças*.

PASSO 5

Empowerment para a ação

Lide de maneira eficaz com os obstáculos que inibem a ação, principalmente chefes incapacitantes, carência de informações, sistemas inadequados de avaliação e recompensa e falta de autoconfiança.

O QUE FUNCIONA

- Recorrer a pessoas com experiência em processos de mudança, capazes de impulsionar a autoconfiança por meio de casos do tipo "conseguimos e vocês também conseguem".
- Desenvolver sistemas de reconhecimento e recompensa que inspirem a criatividade, promovam o otimismo e construam a autoconfiança.
- Fomentar o *feedback* capaz de ajudar as pessoas a tomar melhores decisões relacionadas com a visão.
- "Reequipar" gerentes incapacitantes, atribuindo-lhes novas tarefas que demonstrem com nitidez a necessidade de mudança.

O QUE NÃO FUNCIONA

- Ignorar chefes que provocam sérios danos incapacitantes a seu pessoal.
- Resolver o problema dos chefes, tirando-lhes o poder (e deixando-os zangados e assustados) e delegando autoridade a seus subordinados.
- Tentar afastar todas as barreiras de uma vez.
- Render-se a seus próprios sentimentos de pessimismo e medo.

HISTÓRIAS PARA LEMBRAR

- Reequipando o chefe
- Competição mundial
- Sobrevivi; logo, você também consegue
- Fazendo filmes no chão de fábrica
- Harold e lidia

PASSO 6

Propiciar Vitórias a Curto Prazo

PASSO 1
AUMENTAR A URGÊNCIA

PASSO 2
CONSTRUIR A EQUIPE DE ORIENTAÇÃO

PASSO 3
DESENVOLVER A VISÃO CERTA

PASSO 4
COMUNICAR-SE PARA PROMOVER A COMPRA

PASSO 5
EMPOWERMENT PARA A AÇÃO

**PASSO 6
PROPICIAR VITÓRIAS A CURTO PRAZO**

PASSO 7
NÃO PERMITIR O DESÂNIMO

PASSO 8
TORNAR A MUDANÇA DURADOURA

OS BEM-SUCEDIDOS ESFORÇOS DE MUDANÇA CAPACITAM as pessoas a criar vitórias a curto prazo — vitórias que aumentam a fé na viabilidade da mudança, recompensam emocionalmente os que trabalham duro, mantêm os críticos a distância e sustentam o impulso. Sem uma quantidade suficiente de vitórias visíveis, oportunas, inequívocas e expressivas, as iniciativas de mudança sem dúvida enfrentarão sérios problemas.

124 O Coração da Mudança

Natureza e função das vitórias a curto prazo

George concentra toda a sua atenção, com a acuidade de um feixe de raios laser, sobre conceitos lucrativos de e-business. Lidera uma equipe com dezenas de pessoas capacitadas a perseguir vários projetos, o que a maioria está fazendo com muito entusiasmo. Sob o seu ponto de vista privilegiado, todo o processo é tremendamente excitante, às vezes assustador, mas nunca enfadonho. Outros, não tão empolgados, começam a levantar sérias dúvidas sobre a iniciativa. "Sim, isso é importante, mas por que você está fazendo isso e aquilo?" "Sim, sem dúvida é interessante, mas será que não está interferindo demais com nossos negócios atuais?" "Sim, mas não tentamos isso dois anos atrás e não conseguimos nada?"

Lidar com esse constante questionamento dispersa a atenção, consome tempo e energia e acaba levando à loucura. Sempre que ele tem a impressão de haver apresentado um argumento que dirime todas as dúvidas, alguém recomeça todo o processo, não raro com mais energia. "Sim, mas agora estou de fato preocupado com ..." De novo ele esclarece a visão, mas sempre fica a sensação de que esses contestadores estão interessados apenas em circunlóquios metafísicos. Para ele, esses indivíduos cada vez mais se assemelham a homens das cavernas, criaturas que mais cedo ou mais tarde destruirão a empresa, deixando-a em ruínas. No processo, ele isola seu pessoal, atribuindo a outros o papel de defensores, função que exercem com cada vez mais frequência. Por fim, com o recuo dos principais paladinos, todo o processo fica infestado de infiéis. Assim, um importante conjunto de ideias criativas e promissoras perece de morte inglória.

Cary tem o mesmo orçamento de um ano e outro conjunto de ideias sobre e-business, igualmente vibrantes. Doze meses depois do início, seu grupo parece estar atrás da equipe de George, com menos projetos e menos ideias. Seus membros não são tão capazes de preencher relatórios impecáveis ou de conduzir apresentações altissonantes. Mas o pessoal de Cary conta com um site em pleno funcionamento, desenvolvido na íntegra para um segmento de clientes definido com todo o cuidado. Este pequeno subprotótipo começa a receber *feedback* diário dos clientes, algo sob todos os aspectos muito promissor. A vibração dentro do grupo aumenta, ao mesmo tempo em que o apoio externo torna-se cada vez mais intenso e espontâneo. À medida que George se atola no lamaçal da indiferença e da contestação, Cary desponta com perspectivas cada vez mais favoráveis. George não consegue entender como tudo dá certo para Cary e fica pensando se aquela situação contrastante não é mais um indício dos problemas da empresa.

George é um homem inteligente e dedicado, mas não pegou o ponto.

Nos esforços de mudança bem-sucedidos, os grupos de pessoas capacitadas, com liberdade e condições para agir, são muito seletivos na utilização do próprio tempo. O importante é concentrar-se primeiro em tarefas nas quais seja possível realizar com rapidez feitos visíveis, inequívocos e expressivos. Essas vitórias a curto prazo são fundamentais para o sucesso do processo de mudança, servindo a quatro importantes propósitos:

1. Fornecer *feedback* aos líderes da mudança sobre a validade de suas visões e estratégias.
2. Dar um tapinha nas costas dos que trabalham duro para atingir a visão, uma espécie de afago no ego.
3. Reforçar a fé na iniciativa, atraindo quem ainda não estiver contribuindo de maneira ativa.
4. Combater a influência dos cínicos.

Sem essas realizações, as mudanças em grande escala raramente chegam a bom termo e os infiéis parecem assumir o controle, não importa quão brilhante e necessária seja a mudança. Entretanto, com essas realizações precoces ocorre o oposto. Promove-se um senso crescente de otimismo, de energia e de crença na mudança.

O foco é essencial

Em razão da própria natureza da mudança em grande escala, é preciso fazer muita coisa para realizar a visão. Em organizações de grande porte, o programa de mudança envolve, em última análise, centenas de projetos. Quando as pessoas estão imbuídas

126   O Coração da Mudança

do sentimento de urgência e estão capacitadas para a ação, não é difícil avançar em todas as frentes. Com a atenção dispersa, talvez as primeiras vitórias inequívocas surjam apenas em dois anos. Mas dois anos é muito tarde.

A lista no quadro de avisos

Ross Kao

Aprendemos que quando as organizações têm muita coisa pela frente para corrigir seu curso, os líderes da mudança são tentados a lançar 150 bolas no ar ao mesmo tempo. Tantos são os afazeres que não é difícil encontrar enorme quantidade de objetos para os malabaristas. Qualquer um é capaz de apresentar uma longa lista de prioridades. Mas com tanta coisa sendo feita ao mesmo tempo, corre-se o risco de nada terminar com suficiente rapidez. Isso cria problemas. Gera frustrações. Os liderados perguntam para onde estão sendo levados — e se os líderes estão seguindo a melhor trajetória.

Para evitar tal situação, bolamos algo chamado "Os Quatro Grandes". Conhecíamos nossas prioridades. Poderíamos ter listado as 20 primeiras, mas não o fizemos. Ao contrário, divulgamos apenas quatro grandes metas. Em essência, dissemos a toda a organização: "Eis as quatro grandes coisas em que trabalharemos. E até que alguma esteja em boa parte concluída, não acrescentaremos a número cinco."

Literalmente publicamos: "Aqui estão as quatro metas mais importantes." Em todas as localidades, afixamos grandes quadros de avisos, em locais frequentados por todos, e neles lançamos os quatro itens principais. Numa das fábricas, o quadro de avisos ficava na cantina. Ele logo se transformou em algo que clamava em altos brados: "Olhem! Vamos fazer alguma coisa. E só pararemos quando tudo estiver concluído. E sabem o que mais? Ouçam todos! Já está feito. E mais uma vez atenção! Acabamos de adicionar outro item à lista. Ah sim, por falar nisso, esse novo item será concluído em duas semanas". Quando se dá pela coisa, todo o mundo está dizendo: "Sabe o que mais? As coisas estão acontecendo. Algo está sendo feito."

Lembro-me de que estava na fábrica e, por acaso, observava a lista dos Quatro Grandes. De repente, alguém da linha de frente postou-se a

Propiciar vitórias a curto prazo **127**

meu lado, lendo o quadro de avisos. Cerca de meio minuto depois, ele se vira para mim e comenta: "É... eles estão pondo pra quebrar." O pessoal percebia a realidade. Sentia a energia.

Okay, tudo bem. Também tinha gente circulando pela organização, com comentários do tipo: "Isso significa que o que eu estava fazendo não é importante?" "Não", respondíamos. "Não é isso que estamos dizendo. Apenas significa que não é o que estamos fazendo nesse momento. Você precisa entender que nosso objetivo é fazer alguma coisa com a velocidade da luz. Vamos concluir esse trabalho e vamos deixar claro que temos bastante energia e contamos com suficiente participação de todos para implementar essa meta antes de passar para a seguinte."

Para uma organização que nadava "cachorrinho", a conquista e a divulgação de vitórias rápidas realmente nos ajudaram a ganhar impulso.

Quatro em vez de 150 significa foco. Foco quer dizer mais vitórias rápidas. Conquistas rápidas oferecem muito mais coisas: sentimento de realização, senso de otimismo. Com isso, muda o comportamento. Os que trabalharam duro para conquistar as vitórias sentem-se impregnados de novas energias. Os que, cheios de pessimismo ou ceticismo, ficaram nas laterais entram em campo. Os cínicos diminuem a arruaça e o impulso ganha força.

Os quadros de avisos são mal utilizados o tempo todo. Instale-os num canto onde ninguém se reúne. Entulhe-os com cinquenta pedaços de papel. Abarrote-os de propaganda ("Todos estamos comprometidos com a visão!"). Faça afirmações vagas ("Estamos progredindo"). Não foi o que aconteceu nesta história.

O poder das vitórias visíveis, inequívocas e expressivas

Nem todas as vitórias são iguais. Em geral, as vitórias mais visíveis são as que mais ajudam no processo de mudança. Entretanto, por maiores que sejam as vitórias, se não forem conhecidas, não surtem efeito — daí a utilidade potencial dos quadros de avisos nos restaurantes. Quanto mais inequívocas as vitórias, maior será a sua contribuição para o processo de mudança. Quanto menor a ambiguidade, menos pessoas questionarão se o sucesso é sucesso — e assim

128 O Coração da Mudança

esvazia-se o poder dos cínicos. Quanto mais as vitórias têm a ver com questões, interesses e valores dos empregados, mais reforçam o processo. Realizações valorizadas atingem os níveis mais profundos das pessoas — e quando o impacto chega às entranhas mudam-se comportamentos de outro modo muito resistentes.

Criando a nova Marinha

Do contra-almirante John Totushek

A Marinha dos Estados Unidos depende de sua Reserva Naval desde 1915. A força de reserva compõe-se de civis, muitos dos quais são ex-militares. Eles treinam nos fins de semana e trabalham com a força ativa duas semanas por ano. Estão lá para servir em tempos de guerra ou de emergência nacional.

Historicamente, as duas forças têm sido gerenciadas separadamente. Agora, em face de uma sequência de eventos que começou com o colapso da União Soviética, nossas perspectivas a respeito dessas organizações estão mudando. A Marinha ativa não tem mais condições de dispor de pessoal regular em tempo integral, o que significa que precisa confiar cada vez mais na força de reserva. Não mais podemos dar-nos o luxo de aceitar a duplicação desnecessária de recursos. Em consequência, desenvolvemos uma nova visão para a Marinha e para a Reserva Naval — e estamos criando uma nova estrutura em que integramos de forma mais coesa a gestão de duas grandes organizações. Trata-se ao mesmo tempo de um desafio gerencial e de um desafio cultural.

Durante muitos anos, decerto até a Operação Tempestade no Deserto, em 1991, os reservistas eram discretamente reconhecidos por algumas pessoas da Marinha ativa como "apenas reservistas". Seriam convocados para completar as forças ativas quando se necessitasse de mais mão de obra. As forças em serviço ativo viam-se como as que faziam o "trabalho de verdade" de manter os navios e aviões prontos para o combate e para a execução de missões operacionais. Os reservistas eram considerados "somente" uma força sobressalente. Em muitos comandos, as forças ativas transferiam algumas tarefas para os reservistas, mas sempre mantinham sob observação constante e atenta seus irmãos "em tempo parcial". Às vezes, desenvolviam-se nesses comandos atitudes de desconfiança em

Propiciar vitórias a curto prazo **129**

relação à força de reserva, a cujos membros não se delegava autoridade nem se transferiam atribuições realmente importantes. Contudo, em face da redução das forças ativas durante a última década, não havia como evitar a absorção de mais tarefas pelas reservas. Para a surpresa de muitos representantes da velha-guarda, o desempenho das reservas superou todas as expectativas. Os papéis estavam mudando; todavia, mesmo no limiar do mundo pós-Guerra Fria, as atitudes convencionais ainda eram muito comuns na Marinha ativa, dificultando ainda mais a integração das duas organizações numa única Marinha.

À medida que tentávamos mudar essas percepções, nos empenhamos ao máximo para criar sucessos que demonstrassem às duas forças como a interdependência seria benéfica para ambas, fundindo-nos numa única organização. Começamos com o debate de metas viáveis e desejáveis.

Lembro-me de um comandante durante uma daquelas sessões, sugerindo que desenvolvêssemos um novo currículo para a Officer Candidate School, cujo foco seria contribuir para que a força ativa melhor compreendesse a força de reserva, e vice-versa. O objetivo do currículo era promover a Marinha Única. Imaginamos que seria muito fácil mudar o currículo e transmitir nossa mensagem aos novos oficiais. Se conseguíssemos isso, teríamos realizado algo com um impacto abrangente e duradouro. Todos concordamos que a implementação desse currículo seria uma grande "vitória", que sem dúvida contribuiria para reforçar nossa visão nas sucessivas gerações de marinheiros. Até que alguém disse: "Sim, mas se eu já estiver no serviço ativo, ou se já for reservista, qual seria o significado desse currículo para mim? E será que essa mudança é de fato tão visível? Como ela nos ajudará em relação às centenas de milhares de oficiais da ativa e da reserva e aos marinheiros alistados já existentes? Também acho que devemos fazer alguma coisa, mas não sei se isso seria uma vitória a curto prazo."

Esse comentário instigou-nos o pensamento, e desde então passamos a definir com mais clareza as características de nossas vitórias a curto prazo. A fim de conquistar o apoio do pessoal de campo, precisávamos de sucessos que, de um lado, fossem visíveis e, de outro, expressivos. Isso faria com que as vitórias realmente atingissem seus objetivos. Assim, analisamos literalmente todas as ações potenciais. Em seguida, identificamos as atividades que atendiam a nossos critérios e montamos um cronograma que nos assegurasse um fluxo contínuo de sucessos.

130 O Coração da Mudança

Por exemplo: Para que fôssemos uma única força, era preciso melhorar a compatibilidade entre as habilidades do pessoal de reserva e as necessidades cada vez maiores da Marinha ativa. Até recentemente, esse era um processo longo e tedioso, que envolvia muita mão de obra e que nem sempre produzia os resultados almejados, nos prazos necessários. A identificação de um reservista prontamente disponível, com habilidades em relações públicas e proficiência em idioma coreano, ou um especialista em tecnologia da informação, com expertise em segurança da informação, geralmente exigia que se confiasse na tradição oral. Não é difícil imaginar as dificuldades daí resultantes para duas organizações de grande porte, com características próprias.

Concluímos, então, que deveríamos cadastrar as habilidades civis e militares de nossos reservistas atuais num banco de dados útil, interativo, flexível e com base na Web. O pessoal da Marinha devidamente autorizado teria condições de pesquisar com rapidez os detentores de certos tipos de habilidades. Sem dúvida, deveríamos observar os requisitos de alguma privacidade individual, mas achávamos que conseguiríamos resolver essas questões. Esse era um projeto que seria relevante e visível para muita gente. Além de não ser muito dispendioso, sua implementação seria fácil, pois poderíamos adaptar a arquitetura desenvolvida, financiada e já em uso por outros órgãos do Departamento de Defesa.

Hoje, os reservistas dispõem de meios para, sob a proteção de senhas, lançar e melhorar diretamente sua educação e suas habilidades como civis, inclusive proficiência em línguas e equipamentos, além da constante atualização dos dados para contato pessoal. O pessoal autorizado da Marinha ativa, por sua vez, pode entrar no site e pesquisar a disponibilidade de certos requisitos. O processo gera relatórios on-line que descrevem as habilidades, experiências e qualificações dos indivíduos que se enquadram no perfil, sem a inclusão de nomes e de informações para contato. Em seguida, os requisitantes da Marinha ativa passam um e-mail para o Comando da Reserva da Marinha, em New Orleans, que atuará como intermediário na combinação entre especificações e reservistas disponíveis. O sistema não é perfeito, mas é visível e útil para muita gente.

Nossos êxitos estão contribuindo para que os membros de ambas as forças acreditem em nossas iniciativas. Em pouco mais de 30 dias, recebi mensagens de almirantes da Marinha ativa, responsáveis pela Frota do Pacífico, do Mediterrâneo e do Atlântico Norte. Todas essas mensagens foram

> positivas. Aos poucos, estamos convencendo os oficiais e os marinheiros alistados quanto à seriedade de nossa intenção de desenvolver uma única Marinha, deixando claro que a visão de uma força naval integrada está produzindo resultados e não é só conversa fiada.

Quem já participou de algumas iniciativas de mudança bem--sucedidas compreende o poder das vitórias visíveis, inequívocas e expressivas. Quem ainda não viveu essa experiência talvez perca o alvo. Frequentemente, criamos vitórias muito claras para nós, mas que não são assim tão nítidas para os outros, pelo menos com a mesma intensidade. Em visita a um escritório no Japão, tomamos conhecimento de um avanço revolucionário num remédio para câncer, que usa um novo método de desenvolvimento de medicamentos. Descobrimos a vitória, fizemos perguntas e bisbilhotamos por todos os lados em busca de novidades. Concluímos que é um grande avanço e saímos empolgados. Nossos colegas em New Jersey leem sobre a experiência e também ficam entusiasmados, mas não tanto quanto nós, pois não viram os animais, não conversaram com os pesquisadores e não sentiram a energia que impregnava o ambiente. Muitas vezes, criamos vitórias que são expressivas para *nós*, mas nem tanto para os outros. Nossos sentimentos a respeito do câncer são muito fortes, e embora os pesquisadores de New Jersey compartilhem até certo ponto essas mesmas emoções, seus corações estão muito mais voltados para outros objetivos. Assim, embora tenhamos ficado profundamente sensibilizados pelas vitórias japonesas, muitos de nossos colegas em New Jersey não se impressionaram com o mesmo vigor. "Ah sim", dizem eles, com uma entonação muito racional, "isso é importante". Mas não se apressam em compreender o *processo de desenvolvimento* que levou ao avanço revolucionário. Não mudam seu comportamento. E esse é o problema.

Em "Nova Marinha", um grupo de oficiais tentou, de maneira muito consciente, evitar esse problema, (1) esclarecendo os critérios para boas vitórias a curto prazo e (2) selecionando projetos com base nesses critérios. O programa educacional talvez fosse útil, mas não tanto quanto o sistema de identificação de recursos, de alta visibilidade e mais valorizado do que a melhoria do treinamento.

132 O Coração da Mudança

Além disso, a avaliação dos resultados da mudança do currículo seria mais difícil do que a do novo site, que forneceria de pronto resultados mensuráveis.

Escolhendo o primeiro alvo

Além dos projetos selecionados para vitórias a curto prazo, a ordem dos projetos pode ser muito importante para a mudança em grande escala. A seleção talvez tenha sido feita com base numa lógica que parece eminentemente racional, mas que não oferece vitórias com rapidez suficiente para criar o impulso necessário. Suponha que a visão seja globalização. Uma escolha aparentemente racional seria trabalhar primeiro na fabricação e depois no marketing. Fazer antes de vender. Concentre-se primeiro em construir a fábrica em Frankfurt. Mas a construção da nova fábrica demorará no mínimo dois anos, custará US$100 milhões e talvez mais um ano para operar a plena capacidade. Durante esse tempo, as vitórias visíveis, inequívocas e expressivas serão pouco frequentes. Uma escolha menos óbvia, sob certo aspecto, seria primeiro vender o produto, para depois fabricá-lo. Desenvolva um plano de marketing, implemente-o ao menor custo possível, com produtos fabricados em Chicago. Conquiste uma primeira vitória nítida em menos de um ano.

Ao escolher o primeiro alvo, é preciso observar o critério mais elementar: assegurar o progresso visível, inequívoco e expressivo com o máximo de rapidez. Além disso, é óbvio que as opções relativamente fáceis são atraentes — é mais barato e mais rápido abrir um escritório do que construir uma fábrica em Frankfurt. As mais fáceis dentre as opções fáceis geralmente são chamadas de "frutos em galhos baixos". Menos óbvias para menos pessoas, mas também importantes, são as possibilidades que se concentram em pessoas ou grupos poderosos, cuja ajuda é necessária. Da mesma maneira como um automóvel precisa de mais energia para acelerar de 5 para 10 quilômetros por hora do que de 45 para 50 quilômetros por hora, o mesmo princípio se aplica ao passo 6 do esforço de mudança, ou seja, as vitórias rápidas são mais importantes nos estágios de maior aceleração do processo de mudança.

O senador era dono de uma empresa de caminhões

Ron Bingham

Um de nossos senadores estaduais possui uma empresa de caminhões. Ele é pessoa importante na comunidade, cujo apoio pode fazer diferença em nosso programa de mudança. Para ajudar-nos a criar o impulso inicial, fiquei pensando no que poderíamos fazer para empresas de caminhões.

Reuni-me com o senador e descobri que ele estava furioso com a burocracia das agências estaduais, exigindo que sua empresa preenchesse quinze formulários por ano, alguns deles muito longos. "Você tem ideia do custo desses formulários em tempo e esforço?", e pediu à secretária que trouxesse os formulários. "Dá uma olhada nisso!" Ele não chegou a esfregar os papéis na minha cara, mas acho que essa era a ideia.

Examinei rapidamente os formulários e minha primeira impressão foi a de que aquilo era a mais pura manifestação de burocracia inútil. "Pedem a mesma informação aqui, ali e acolá", disse o senador, num tom de voz mais contido, embora eu ainda tivesse a impressão de que ele estava prestes a estrangular alguém. "Quando preencho esses calhamaços, preciso escalar três ou quatro pessoas para o serviço", disse ele. Pelo volume da papelada, acho que não estava exagerando. "Quero dirigir uma empresa com caminhões, trabalho e clientes; não quero perder tempo com formulários inúteis."

Ao sair do escritório do senador, reuni-me imediatamente com minha equipe de mudança no departamento de transportes. Todo o grupo estava empenhado numa luta sem tréguas para conseguir alguma cooperação do pessoal sênior do órgão. Sabe, no governo — pelo menos no velho governo — adota-se uma abordagem do tipo "espero você lá fora". Basicamente, se os opositores remancharem o suficiente, o governador muda e o programa incômodo vai por água abaixo. Bem, o grupo de transportes enfrentava esse tipo de dificuldade e estava aberto a sugestões. Narrei-lhes, então, minha visita ao senador. E recomendei: "É bom que vocês coloquem esses formulários no alto da agenda." De início, não concordaram com a ideia. Basicamente, a reação foi: "Pô, Ron, nossa agenda está cheia de coisas importantes e você vem com essa conversa de mudar alguns formulários. Isso pouco tem a ver com a nossa visão de grandes mudan-

134 O Coração da Mudança

ças." Naquele momento, compreendi a situação. Todos estavam cheios de energia, queriam mudar o mundo, mas não chegavam a lugar algum porque não contavam com a ajuda de seus principais constituintes, como o senador. Expliquei-lhes por que a conquista dessa vitória rápida para o senador, ao mesmo tempo em que ganhavam tempo, lhes daria maior credibilidade e apoio para fazer as coisas realmente importantes. Assim, com uma certa relutância, partiram para a reformulação do processo de licenciamento. O trabalho não demorou mais de um mês e seus resultados foram impressionantes.

Todos que consideram irremediável a burocracia dos órgãos públicos devem atentar para as conclusões desta história. A visão de menos burocracia, mais eficiência e melhores serviços não é utópica. A equipe de transportes reduziu a papelada de quinze formulários para uma folha, sem que se perdesse nenhuma informação relevante nem se abandonasse qualquer função pública importante. Esse é o tipo de mudança possível, embora muita gente dentro e fora do governo a considerasse impossível. É a espécie de transformação com a qual, se você de fato a achasse impraticável, não desperdiçaria tempo e recursos, tentando ajudar alguém a levá-la avante.

Quando concluímos o trabalho, procurei o senador e mostrei-lhe a nova folha de informações que substituiria o velho calhamaço. "Cara, vocês realmente fizeram um milagre!" foi a reação imediata. Antes disso, já lhe havíamos apresentado um resumo de nossas intenções, mas, até então, tudo não passava de palavras. Agora, lá estavam os resultados. Não era só papo furado sobre mais um projeto de mudança. E ele sentia os efeitos da transformação, pois ela afetava seus próprios negócios. Depois disso, o senador tornou-se um de nossos principais pontos de apoio.

Com base nessa experiência, exploramos vários desses sucessos a curto prazo, e hoje as pessoas acreditam no grupo e em nosso êxito. A resistência foi superada e nossas vitórias contribuíram para o aumento da eficácia da equipe. Não precisamos esperar três anos para sentir que fazíamos diferença.

Na seleção do primeiro alvo, o principal critério adotado em "O Senador" foi ajudar uma pessoa poderosa, o mais rapidamente possível. Essa ajuda transformou os sentimentos da pessoa sobre o esforço de mudança, aumentando seu apoio ao projeto. Tal mudança de comportamento é capaz de produzir mais vitórias subsequentes do que caso se tivesse ajudado alguém menos influente.

A aplicação desse princípio geralmente resulta em pontos de partida muito diferentes das alternativas que teriam decorrido da adoção de um modelo "lógico" mais linear. De início, a trajetória daí resultante talvez até pareça menos eficiente do que a indicada por outros critérios "racionais". Entretanto quem precisa de um carro eficiente no consumo de combustível, se o motorista ficar entediado, parar e nunca atingir a linha de chegada?

E se não conseguirmos produzir...

Em alguns casos, muitos fatores impedem que se alcancem vitórias bastante convincentes no momento oportuno. A maneira de enfrentarmos essa realidade é muito importante. Quando não se conquistam vitórias imediatas, a tentação — e como é grande a tentação — é flexibilizar a verdade, exagerar um pouco. Nada de mentiras, evidentemente. Nunca mentimos. Apenas lançamos sobre o evento um jogo de iluminação mais interessante, ocultando e ressaltando certos aspectos. Certo?

Oba-oba

Dave Pariseau

Nosso objetivo é lançar novo sistema de TI e desenvolver novas maneiras de integrar nossas principais divisões operacionais. Essa é uma das maiores mudanças já empreendidas por nossa empresa, e o processo às vezes tem sido doloroso. O programa já chegava ao 24º mês e seus resultados positivos não eram assim tão óbvios. Em geral, sentiam-se os lanhos mas não os ganhos. A alta gerência também não identificava com clareza os retornos financeiros. Os líderes da mudança enfrentavam fortes pressões para produzir alguns sucessos tangíveis, algumas vitórias imediatas, para mostrar às vítimas dos lanhos que em breve seria a vez dos ganhos.

A equipe básica do projeto passou a divulgar um e-mail semanal entre todos os empregados da empresa, chamado "Mensagem da Semana". Nada mais que um relatório de atualização. Lembro-me de um deles que

136 O Coração da Mudança

dizia: "Mais de 90% de nossos objetivos estratégicos já foram alcançados. Quase todo o nosso pessoal recebeu treinamento e boa parte está preparada para a execução de suas atribuições." Bem, a verdade é que muita gente não concordava com aquela mensagem. Quase todas as pessoas que utilizariam o novo sistema, para as quais o treinamento sobre como usar o novo software era indispensável, afirmavam que não tinham ideia de como trabalhariam quando ligassem a máquina. Muitos participantes das equipes locais do projeto, nas várias unidades descentralizadas da empresa, que tinham muito mais intimidade do que os membros da equipe básica com a maneira como o negócio realmente funcionava nas linhas de frente, discordavam totalmente da afirmação de que 90% do trabalho já fora realizado.

Toda a comunicação sobre o projeto era mais ou menos no mesmo estilo. Com o tempo, a situação piorou ainda mais. A Mensagem da Semana simplesmente converteu-se em material de propaganda. Um desses e-mails dizia que o progresso de certa divisão com o novo sistema e com os novos processos de trabalho era tão grande que sua eficiência tinha melhorado em nada menos que 500%! Até parece que havíamos vencido a Terceira Guerra Mundial! Mas não me esqueço dos comentários de algumas pessoas de minha divisão, que mantinham contatos regulares com colegas da "divisão dos 500%". Segundo o meu pessoal, eles só tinham queixas.

E era assim em toda parte. Todos estavam de fato tendo dificuldade em ajustar-se ao novo software. Quando se liam aquelas comunicações, a reação típica era: "Isso é um pesadelo. Não ganhamos a Copa do Mundo; vamos é afundar! Eles estão falando de quê!?"

A situação ficou tão ruim que, mesmo quando a Mensagem da Semana descrevia sucessos de verdade, melhorias de fato resultantes do projeto, a baixa credibilidade do material induzia os leitores a ignorar a mensagem. Não consigo lembrar-me de uma única "boa" notícia em que realmente tenha acreditado! Isso apesar do fato de estar comprometido com essa iniciativa de mudança nos últimos três anos.

Parte disso talvez seja a nossa própria cultura. Parece que só ficamos à vontade quando transmitimos boas notícias. É a velha história: "Seja honesto, mas também positivo, sempre que enviar uma mensagem." Contudo, quando realmente não temos boas notícias, sentimos um certo desespero, em face das possíveis críticas. Assim, exageramos os aspectos positivos de tal maneira que as informações se tornam inverossímeis, não importa se

Propiciar vitórias a curto prazo **137**

reais ou imaginárias. A consequência é o aumento do ceticismo, o que é realmente negativo.

Acho que qualquer forma de oba-oba é um erro.

Nesse relato, ficamos sem saber exatamente por que eles não alcançaram vitórias a curto prazo. Talvez não prestassem muita atenção ao assunto. Talvez os primeiros passos do processo de mudança não tenham sido bem conduzidos, tornando as vitórias muito mais difíceis. Qualquer que tenha sido o caso, o fato é que se viram numa arapuca e sucumbiram à tentação — flexibilizaram a verdade. É bem possível que estivessem manipulando a verdade em suas próprias mentes, situação em que a mistificação não seria consciente. Também é provável que não tenham compreendido com clareza que as vitórias devem ser inequívocas. O resultado foi desastroso. Em face do colapso da credibilidade, até mesmo as vitórias legítimas eram vistas com suspeita.

A melhor solução para problemas semelhantes ao que ocorreu em "Oba-oba" é jamais enredar-se na situação de ser forçado a flexibilizar a verdade. Quanto mais se compreenderem os temas deste capítulo e, de resto, do livro todo, maiores as chances de resistir à tentação. A segunda melhor solução é nunca exagerar as realizações. A honestidade sempre triunfa sobre a propaganda ilusória. E ser honesto significa antes de tudo combater a autoilusão.

Honestidade consigo próprio não é má estratégia em todos os passos da mudança em grande escala.

Para mais informações sobre vitórias a curto prazo, ver Capítulo 8 de *Liderando Mudanças*.

138 O Coração da Mudança

Um exercício que talvez ajude

Prepare uma lista dos projetos ou tarefas que poderiam ficar por conta de pessoas capacitadas dentro da área organizacional sobre a qual você exerce influência — projetos ou tarefas com o potencial de converter-se em vitórias a curto prazo.

1. Para cada item da lista, avalie o seguinte:
   - Realisticamente, quando isso poderia ser feito? Quantos meses levará?
   - Quanto exigirá em termos de esforço e despesas? Avalie-o numa escala de 1 a 10, de quase nenhum esforço até muito tempo e despesa.
   - Quão inequívoca será a vitória? Tente de novo a escala de 1 a 10.
   - Qual o seu grau de visibilidade? (1 a 10)
   - Ela será considerada significativa? (1 a 10)
   - Quem a verá como significativa? Quão poderosas são essas pessoas?

2. Em face dessa avaliação, que itens de sua lista serão prioritários?
   - Escolha os cinco primeiros.
   - Qual o número 1?

PASSO 6

Propiciar vitórias a curto prazo

Produza vitórias a curto prazo, em quantidade suficiente, com bastante rapidez, para ajudar os promotores da mudança, esclarecer os pessimistas, dissipar os cínicos e transmitir impulso ao esforço.

O QUE FUNCIONA

- Vitórias prematuras e rápidas.
- Vitórias tão visíveis quanto possível, para tantas pessoas quanto possível.
- Vitórias que transponham as defesas emocionais, por serem inequívocas.
- Vitórias significativas para outros.
- Vitórias prematuras que sensibilizem atores poderosos, cujo apoio é necessário, mas com o qual ainda não se conta.
- Vitórias pouco dispendiosas e muito fáceis, ainda que pareçam pequenas, em comparação com a grande visão.

O QUE NÃO FUNCIONA

- Lançar 50 projetos ao mesmo tempo.
- Demorar demais para gerar a primeira vitória.
- Flexibilizar a verdade.

HISTÓRIAS PARA LEMBRAR

- A lista no quadro de avisos
- Criando a nova marinha
- O senador era dono de uma empresa de caminhões
- Oba-oba

PASSO 7

Não Permitir
o Desânimo

PASSO 1
AUMENTAR A URGÊNCIA

PASSO 2
CONSTRUIR A EQUIPE DE ORIENTAÇÃO

PASSO 3
DESENVOLVER A VISÃO CERTA

PASSO 4
COMUNICAR-SE PARA PROMOVER A COMPRA

PASSO 5
EMPOWERMENT PARA A AÇÃO

PASSO 6
PROPICIAR VITÓRIAS A CURTO PRAZO

**PASSO 7
NÃO PERMITIR O DESÂNIMO**

PASSO 8
TORNAR A MUDANÇA DURADOURA

DEPOIS DO PRIMEIRO CONJUNTO DE VITÓRIAS A CURTO PRAZO, o esforço de mudança ganhará impulso e direção. Nas situações bem-sucedidas, transmite-se impulso à iniciativa, para converter a visão em realidade, fomentando a urgência e combatendo o sentimento de falso orgulho; eliminando o trabalho desnecessário, exaustivo e desmotivador e, por fim, não cantando vitórias precoces.

Mantendo a urgência

O problema mais comum nesse estágio das iniciativas de mudança é o esmorecimento da urgência. O sucesso converte-se em albatroz.

142   O Coração da Mudança

"Vencemos" dizem, e passa-se a enfrentar problemas semelhantes aos do passo 1.

Índices P/L

Leonard Schaeffer

De início, quase todos na empresa estavam motivados para a mudança por causa da ameaça de fechamento. Depois, quando começamos a dar a virada, a vibração foi grande em toda a organização. As pessoas estavam motivadas pelos sucessos recentes e instigadas pelos novos desafios. À medida que acelerávamos a mudança, evitávamos a perda de impulso, por meio de comparações constantes com outras empresas de assistência médica. Analisamos nossos pontos fracos e pontos fortes ao longo de várias dimensões, em cada uma de nossas divisões. Além disso, eu estava presente, conversando face a face com todo o mundo na organização, pelo menos uma vez por mês. Explicava por que promovíamos aquelas transformações e falava sobre os objetivos a serem atingidos e sobre a dinâmica da competição no setor. Sempre realizávamos sessões de perguntas e respostas. Com o tempo, em face do aumento de nossas operações, substituímos as reuniões face a face por teleconferências mensais, para difundir a mensagem.

Ao assumirmos a liderança do setor, a comparação com os concorrentes virou mamão com açúcar. Mas o exercício servia ao menos para confirmar que estávamos quilômetros à frente. Em vista de tanto sucesso, em breve constatamos a tendência de nos tornarmos complacentes. Afinal, tudo dava certo, atingíramos o topo da montanha. Qual a razão para nos renovarmos continuamente, para sempre nos empenharmos na construção de uma empresa mais forte, que decerto seria indispensável no futuro? E as pessoas começaram a comentar entre si: "Mas *somos* a número 1." E ainda pior para mim: "Por que o chefe não relaxa?"

Esse clima não era bom, mas o que fazer?

Hoje, começamos a explorar a ideia de olhar para nós mesmos "sob o ponto de vista dos investidores". Isso significa que passamos a comparar nossa posição atual com outras oportunidades de investimento no amplo setor de assistência médica. Agora, a verdadeira mensagem é a seguinte: Competimos não com nossos concorrentes diretos, mas, sim, pelos dólares dos investidores. Não se trata mais de apenas nós e da maneira como

Não permitir o desânimo **143**

dirigimos nosso negócio. Agora, a coisa não tem a ver somente com nossos concorrentes no mercado, que criam produtos e serviços semelhantes aos nossos. Atualmente, o importante é reconhecer que outros atores no setor de assistência médica estão fazendo coisas realmente surpreendentes e estão recebendo muita atenção e dinheiro dos investidores. Assim, talvez sejamos os melhores no que fazemos, mas se outra empresa é capaz de justificar índices preço/lucro (P/L) de 50, enquanto o nosso é de 12, estamos com problema.

A reação a esse novo foco tem sido muito interessante. Depois de algum esforço para fazer com que todos entendessem a ideia, muita gente logo se imbuiu de um novo senso de urgência. Agora, a perda de um investidor potencial é vista como ameaça, induzindo a busca de novas formas de melhorar nossa posição. Todos estão conscientes de que muitas empresas mais novas estão começando a oferecer os mesmos produtos e serviços.

Algumas pessoas, contudo, ainda dizem: "A empresa X atua no negócio de produzir software baseado em Internet; portanto, não é uma boa comparação. Os investidores estão correndo para essas empresas por outros motivos. São atraídos pela tecnologia ou pela novidade em si. Não podemos comparar laranja com banana." Talvez seja humano pensar assim: elas não são relevantes; logo, estamos bem. Aprendi que jamais se comete excesso de comunicação ao ajudar as pessoas a lidar com esse tipo de coisas. É preciso estar presente, falando com todos, tanto quanto possível.

Em muitas situações, a preservação do dinamismo exige alguma pressão externa. Caso apenas se fustiguem as pessoas e se insista em que é preciso melhorar, talvez não se chegue a lugar algum. As pessoas simplesmente não acreditam e o exercício torna-se improdutivo. Tampouco adianta acenar com maiores lucros. É preciso que haja algo real que os leve a afirmar: "Ainda não somos a organização que deveríamos ser. Precisamos ir mais longe. Devemos tentar com mais afinco. Estou disposto a dar ainda mais de mim mesmo."

Para os que impulsionam a mudança, não é muito difícil permitir a queda do senso de urgência, quando o desempenho a curto prazo se mantém em alta. É fácil aborrecer-se e "fustigar" o pessoal. É fácil proclamar a vitória cedo demais e tornar-se complacente. Isso

144   O Coração da Mudança

acontece o tempo todo. Essas armadilhas são inerentes à própria natureza da mudança em grande escala.

Em "Índices P/L", Schaeffer tentou lidar com o problema da urgência, mudando os pontos de referência das pessoas, ou seja, a maneira como analisavam as situações. Para tanto, recorreu a novo paradigma externo. A eficácia da abordagem depende sobretudo de sua capacidade de mudar o sentimento das pessoas a respeito do que veem. Quando se está cansado, até um debate intelectualizado sobre estatística pode ser distorcido para justificar o pensamento complacente. "Tudo bem, mas e se..." A reação talvez seja muito diferente se virem o chefe, em comunicação face a face, demonstrar sua crença sincera no novo referencial e deixar claro seu senso de urgência. A reação também será muito diferente se alguém que também desfrute de credibilidade fizer o mesmo — gerentes de fundos mútuos, clientes e assim por diante.

Praticamente todos os métodos do passo 1, com algumas modificações, são aplicáveis nessa nova fase. Imagine uma empresa que deva produzir sucessivas ondas de mudança, embora a última linha dos resultados financeiros tenha rompido o teto e ainda que gerentes e funcionários, em sua maioria, protestem "É impossível fazer mais do que isso", pois as análises mais profundas mostram que, em muitas áreas, a mudança nem mesmo começou — áreas como compras. Então esse cara pede a um estagiário que faça um pequeno estudo sobre quantos diferentes tipos de luvas a empresa compra...

Lidando com mudanças cada vez mais difíceis

No começo do esforço de mudança, atacam-se geralmente os problemas mais fáceis, a fim de conquistar pequenas vitórias e imprimir o impulso inicial. Recolher de uma vez todos os móveis de uma casa e empurrar pelas ruas o grande volume não é necessário nem viável. Talvez não se encontrem carregadores suficientes. É possível que ninguém queira ajudar com um sofá de 300 quilos. Nas mudanças que dão certo, as peças mais leves — os quadros de parede e as mesinhas laterais — geralmente saem primeiro. Contudo, mais cedo ou mais tarde, temos de enfrentar o sofá, a cama e o piano. No final das contas, todas as peças básicas de que precisamos em nossa

Não permitir o desânimo **145**

nova casa devem ser transportadas, colocadas nos lugares certos e instaladas de maneira adequada. Caso esqueçamos um quadro pouco relevante em nossa nova decoração, é bem possível que nem se dê pela falta. Mas se esquecermos a geladeira, sem dúvida teremos problemas. Pior ainda, se instalarmos o fogão no lado errado da cozinha, a situação ficará de fato desagradável. Contudo, nada seria mais desastroso do que colocar o piano na cozinha e o fogão na sala de estar.

Coragem e perseverança ajudam nesses casos. Mas a melhor solução é estruturar as situações de modo que as pessoas tenham condições de assumir riscos ao lidar com difíceis entraves burocráticos e políticos, sem colocar suas vidas em jogo. Prepare todo o cenário de modo que as pessoas adquiram capacidade suficiente para empurrar uma grande pedra montanha acima. *Capacidade*, aqui, significa não apenas autoridade. Mais importante no caso são tempo, recursos e acesso.

O mercador do medo

Phil Nolan e Steve Featherstone

Os antecedentes de nossa empresa em planejamento de investimentos são simplesmente horríveis. Essa situação desastrosa perdurou por tanto tempo que hoje se encontra profundamente arraigada na cultura organizacional. Não obstante todas as outras mudanças em que fomos bem-sucedidos, isso foi algo que de fato ignoramos, embora não houvesse dúvidas de que precisávamos enfrentar essa deficiência e empreender um esforço de mudança realmente bem-sucedido. A explicação para tantas desculpas e adiamentos é que o processo permeava numerosas unidades organizacionais e a politicagem interna levantava enormes barreiras à integração. Assim, os investimentos nem sempre foram sensatos. "Não posso fazer o meu trabalho se não dispuser de verba para executar esses projetos." Bem, não é exatamente assim, mas quem estará disposto a enfrentar o problema, se o reclamante tiver influência e não for a única pessoa a agir assim? Pressione um pouco, e todos correm para as trincheiras. Numa organização com mentalidade de silo, geralmente são poucos os incentivos para a busca de melhores soluções ou para a cooperação recíproca.

146   O Coração da Mudança

É aqui que entram nossos "Action Labs" (Laboratórios de Ação). Os "Action Labs" são equipes de projetos, com representantes de várias unidades da empresa, às quais se confere liberdade e poder incomuns. Os membros dos Action Labs trabalham no projeto em tempo integral, durante alguns meses. Assim, o ritmo de atividade é muito intenso. Todos têm o direito de conversar com quem quiserem e de fazer o que quiserem, sujeitando-se a muito poucas restrições. Tipicamente, os vínculos e a atenção entre os participantes, principalmente a capacidade de ouvir, são muito mais intensos. Nessas condições, cada membro passa a compreender muito melhor as demais partes da organização. A franqueza mútua também é muito alta. Como grupo, tornam-se mais ousados do que qualquer indivíduo isolado. Sob estímulo constante, passam a identificar problemas e procurar soluções, de maneira que jamais ocorreria em situações normais. Todos têm autorização para serem muito criativos e ousados. Nem todos correspondem às expectativas, mas em alguns casos a reação é maravilhosa.

Nosso último Action Lab foi constituído especificamente para atacar o problema do planejamento dos investimentos. Retiramos oito pessoas de suas atividades normais e as transferimos em tempo integral para essa função temporária. A equipe conversou com o CEO e com o comitê executivo, com os chefes de algumas de nossas divisões de negócios e com seus principais subordinados diretos, com os responsáveis pelos orçamentos e análises, e até mesmo com os funcionários que digitam e atualizam continuamente os números.

Uma das iniciativas da equipe de planejamento de investimentos foi um vídeo que parodiava a maneira como as pessoas se comportavam ao montar o orçamento. Tratava-se de um esquete leve e divertido, que transmitia uma mensagem muito séria, por meio de personagens como o Mercador do Medo, o Caçador de Glórias e o Protetor do Povo. Todos eram imitações caricatas de tipos de comportamento muito comuns. Como qualquer boa paródia, a produção atingiu em cheio os seus alvos.

O Mercador do Medo inflava suas próprias verbas, manipulando e explorando os receios alheios. Suas afirmações típicas eram "É melhor deixar alguma sobra nas minhas verbas — apenas por via das dúvidas". Se alguém contestava o Mercador do Medo, ele logo revidava com pelo menos dez boas razões para justificar todo aquele dinheiro, sem qualquer corte, as quais, basicamente, consistiam em evitar a explosão da rede da empresa,

Não permitir o desânimo **147**

com a morte de um bilhão de pessoas, talvez mais. "Precisamos prever no orçamento pelo menos cinco coisas. Na verdade, ao reanalisar o assunto, acho melhor incluir duas outras situações, pois o que ocorreria se o prédio pegasse fogo? Rigorosamente, já que estamos tratando desse assunto, talvez seja prudente considerar 30 outras contingências, apenas para o caso de uma explosão que destruísse toda a cidade." E não importava quão racionais fossem as contestações, o Mercador do Medo sempre tinha respostas para tudo.

O Caçador de Glórias estava o tempo todo à cata de iniciativas gerenciais de alta visibilidade, que lhe trouxessem fama e fortuna. Seu foco sempre se concentrava no que fosse mais glamouroso na época. Assim, perseguia implacavelmente qualquer projeto de consultoria importante, ainda na prancheta, ou a nova força-tarefa liderada pelo CEO. Um de seus alvos preferidos eram os grandes projetos de engenharia, onde pudesse introduzir alguma nova tecnologia bombástica, que lhe garantisse um lugar de honra nos arquivos históricos ou na galeria dos grandes benfeitores da empresa. Jamais compartilhava os méritos e nunca se empenhava pelos reais interesses da empresa. Apenas reivindicava verbas para sua autopromoção.

O Protetor do Povo não almejava glórias nem manipulava medos. Seu objetivo exclusivo era garantir projetos suficientes para seu pessoal. Desde que a ideia fosse compatível com as habilidades de sua equipe e ocorresse perto de sua base doméstica, tudo bem. Sem se importar com as verdadeiras necessidades da organização, o Protetor do Povo apenas estimava quantos projetos seriam suficientes para absorver seu efetivo de 200 pessoas, nos oito meses seguintes, e corria atrás de verbas compatíveis.

A equipe do Action Lab mostrou o esquete com esses personagens aos 20 ou 30 executivos mais importantes da empresa, exatamente as pessoas que eram alvo das paródias. Não é difícil imaginar a reação! O choque foi devastador. Em breve, todos tentavam identificar os atores da vida real em que se baseavam as caricaturas. Alguns chegavam ao ponto de perguntar: "Esse daí sou eu?" Algo desse tipo jamais teria ocorrido no passado, nem mesmo teria sido objeto da mais remota cogitação. Entretanto, acabou acontecendo, com os Action Labs e com o apoio do CEO.

Acho que a alta gerência queimou o vídeo com o esquete, mas seus efeitos foram duradouros. Às vezes, alguém ainda se refere aos personagens. "Cuidado! Isso está começando a parecer conversa do Mercador do Medo." E o choque ajudou a combater o velho jogo do planejamento de investi-

148 O Coração da Mudança

mentos, ao ridicularizar os tipos de comportamento que iam de encontro à nova visão da empresa, mais orientada para os acionistas.

No processo, descobrimos que nem todos trabalham bem em ambientes nos moldes dos Action Labs. Precisa-se de pessoas dispostas. Não se pode coagir alguém a participar de atividades dessa natureza. Também é necessário que tenham conhecimentos técnicos e base de experiência para trabalhar no problema. Os participantes devem estar dispostos a desafiar o *status quo* com boas justificativas, a sempre perguntar "por que", e a questionar as regras, em vez de apenas aceitar que algo é imutável simplesmente por que sempre foi feito daquela maneira. E, finalmente, é indispensável que estejam dispostos a deixar suas mesas de trabalho, com a disposição de não retornar enquanto não concluírem aquela missão externa. Esse último ponto é o maior desafio. As pessoas necessárias nos Action Labs raramente são aquelas mais disponíveis.

Constituímos dez dessas equipes. Nem todas produziram resultados excelentes. As que menos se destacaram não tinham foco e objetivos claros desde o início. Descobrimos que, se os grupos não funcionam bem por causa das dinâmicas pessoais, é preciso tomar decisões imediatas, enquanto é tempo de salvar alguma coisa, em vez de permitir que a situação vá adiante. Mas as equipes, em sua maioria, e suas iniciativas realmente fizeram diferença.

Um dos nossos maiores arrependimentos em toda a experiência é não termos produzido uma cópia daquele vídeo antes de terem queimado o original!

Em algum ponto em meio às ondas da mudança será necessário atacar os silos e a politicagem, como requisitos para o desenvolvimento da organização do século XXI. Nos primeiros estágios da transformação, os dois obstáculos talvez pareçam quase intransponíveis; porém, em última instância, é preciso enfrentar o desafio, sob pena de jamais realizar a visão.

Em "O Mercador", a empresa progrediu não por causa das forças-tarefas em si, mas em consequência da criação de meios que propiciaram ao grupo poder suficiente para romper as barreiras e desencadear a necessária onda de mudança. No caso, curiosamente, o grupo era uma força-tarefa — estranhamente, porque não acredi-

Não permitir o desânimo **149**

tamos que as forças-tarefas sejam tão poderosas. Mas veja como se agiu nessa história. Primeiro, os Action Labs contavam com plena liberdade de ação, ao contrário do que ocorre com as equipes interfuncionais típicas, que geralmente não produzem resultados porque são controladas com rédeas curtas. Segundo, os participantes dos Action Labs dedicavam-se ao projeto em tempo integral, em contraste com os membros das equipes interfuncionais convencionais, que quase sempre acumulam o trabalho no grupo e suas tarefas regulares. Terceiro, os Action Labs tiveram a oportunidade de reunir um vasto conjunto de dados. Não havia essa conversa de "Bem, sim, mas o chairman estará ausente nas próximas três semanas". Quarto, as atividades dos Action Labs não estavam sujeitas a um estatuto conservador. Não tinha esse negócio de "Não faça muita marola, seja prático, certifique-se de que as ideias são viáveis". Essa última observação, sobretudo, é um eufemismo para "Garanta que as ideias sejam banais, para que ninguém tente bloqueá-las". A inexistência dessas restrições permitiu que se conferisse aos participantes poder suficiente para enfrentar os desafios mais árduos, depois da implementação das mudanças mais fáceis.

Também fundamental para o sucesso do Action Lab em questão foi a criatividade. Monte uma peça parodiando o problema. Contrate atores e filme a encenação. Faça-o de maneira divertida — para desvendar e difundir os mecanismos de defesa e para atenuar a intensidade do ataque frontal à norma de que os subordinados não criticam os chefes e talvez até a regra de que não se admitem conflitos em público. Entretanto, se a paródia fosse vista como agressão e deboche, os riscos seriam ainda maiores. Mas não foi o caso. Se os problemas caricaturados não correspondessem a situações reais, alguém na defensiva talvez tivesse condições de desmoralizar a iniciativa. Mas, ao que tudo indica, a força-tarefa conseguiu pôr o dedo nas feridas. Se ninguém no comitê executivo estivesse insatisfeito com aquele conjunto de comportamentos destrutivos, a alta gerência talvez tivesse descoberto maneiras de racionalizar aquele filme "imbecil" e deixá-lo de lado. Mas não foi esse o caso aqui, e parece que dificilmente é assim. Para os insatisfeitos, grupo em geral mais amplo do que se supõe, o filme transmitiu um sentimento de otimismo e uma arma legítima para o combate a comportamentos pouco saudáveis.

150   O Coração da Mudança

Em conjunto com outras ações — e essas iniciativas complementares foram indispensáveis — as paredes começaram a ruir, e o processo de mudança teve condições de prosseguir até o fim.

As imagens são poderosas. Ainda que vistas apenas uma vez, elas permanecem na memória durante muito tempo. Um mês depois, quando alguém se referisse ao vídeo "O Mercador do Medo", as ideias (e os sentimentos) transmitidos pela paródia ainda estariam vívidos na mente de todos, pois instilou-se nos espectadores uma impressão muito forte. Parece que essa é a maneira como funciona a mente humana.

Sem se matar de trabalho

No âmago da transformação, mesmo que a urgência se mantenha alta, ainda que se esteja disposto a enfrentar grandes problemas, a onda às vezes morre na praia, sem grande impacto, em consequência da exaustão. Primeiro, é preciso manter a organização em funcionamento, o que às vezes significa preservar todos os métodos convencionais. Além disso, também é necessário cumprir a missão adicional de criar o futuro. Assim, o encargo torna-se insuportável e os primeiros sinais de exaustão ficam cada vez mais claros. Para muita gente, a situação talvez pareça sem solução — o que não é verdade.

Nas transformações bem-sucedidas, a resposta é, em determinado nível, muito simples: se estiver sobrecarregado, alije parte do trabalho.

Resumindo 25 páginas em 2

Ken Moran e Rick Browning

As equipes vinham trabalhando já havia algum tempo e o processo de mudança parecia produzir os primeiros resultados. A certa altura, começamos a receber grande quantidade de *feedback*, indicando que aquela forma de atuação vinha exercendo excesso de pressão sobre as pessoas, em termos de carga de trabalho. Segundo os comentários, já tinha gente levando trabalho para casa nos fins de semana. "Ken, minha mulher está

Não permitir o desânimo **151**

reclamando." "Ken, isso não é bom, não vamos aguentar esse ritmo." "Ken, se eu telefonar para os repórteres, mandá-los para a sua sala e depois entrar lá e sofrer um ataque cardíaco, isso não será bom para a sua carreira."

Como resposta, enviamos um e-mail para o pessoal, dizendo que não estávamos lidando com trabalho incremental, que não se tratava de algo do tipo "Continue executando todas as suas tarefas rotineiras e ainda acrescente essas novas atividades". Como constituíamos uma grande equipe, também a delegação *era* parte da função. Quando surgissem novas atribuições, devíamos transferir parte do trabalho para o pessoal nos níveis mais baixos da hierarquia, em vez de assumir todo o encargo adicional. Essa era e ainda é a única solução para o problema.

Quando analisamos todas as nossas tarefas diárias e perguntamos "Será que isso realmente agrega valor? Será que de fato preciso fazer isso?" geralmente encontramos muitas maneiras de economizar tempo. Agimos assim com nossos relatórios mensais. Todos os meses, cada departamento produzia um enorme relatório que era enviado por e-mail a cerca de 50 ou 60 pessoas. O calhamaço tinha pelo menos 25 páginas. Ali se enfatizava tudo, desde as metas de desenvolvimento de novos produtos até a atualização das informações sobre os vários programas em andamento. Só Deus sabe a trabalheira que era produzir e ler todos aqueles relatórios. Mas alguns de nós paramos de dar atenção àquela papelada. Se quiséssemos analisar nossa posição no mercado, pedíamos a um assistente que preparasse um relatório sobre o assunto. Se pretendêssemos saber como andava nossa nova linha de produtos, telefonávamos para o vice-presidente de marketing. Essas eram as informações realmente úteis, mas, infelizmente, estavam enterradas naquela pilha de detalhes inúteis ou simplesmente não constavam dos relatórios.

Dando um passo à frente, decidimos mudar o relatório mensal. O novo formato teria apenas duas páginas e traria somente os indicadores financeiros definidos de comum acordo pelos chefes de departamento (como vendas, taxas de crescimento, verbas). Caso determinada unidade tivesse alcançado algum marco importante, o fato seria ressaltado à parte. Entretanto, eliminaram-se os detalhes sobre os projetos específicos de cada área. Pense no contraste. Produzir e impingir a 50 ou 60 pessoas 25 páginas geralmente confusas ou criar e ler apenas duas páginas.

Quando conseguimos identificar, admitir e concordar quanto ao trabalho supérfluo, não nos sentimos tão assoberbados. É preciso concentrar-se nas

152 O Coração da Mudança

atividades essenciais, ou jamais criaremos e adotaremos novas estratégias. Assim, o que precisamos fazer agora, e esse é nosso objetivo imediato para os próximos três ou quatro anos, é continuar a identificar coisas como o relatório mensal e substituí-las por tarefas que realmente nos impulsionem para a frente.

Para algumas pessoas, os ajustes serão difíceis. Todos precisamos empenhar-nos para ajudar essas pessoas.

Em "Resumindo 25 páginas em 2", uma mudança simples fez diferença, eliminando uma atividade que talvez acumulasse em um ano milhares de horas inúteis de esforço gerencial. A mudança mostra ostensivamente quais são as intenções do chefe. Trata-se de uma iniciativa que torna suas palavras sobre o assunto mais compreensíveis e mais confiáveis. Além disso, é o tipo de ação que afeta os sentimentos.

A melhor maneira de lidar com o problema da sobrecarga de trabalho é atacá-la de maneira consciente, tão cedo quanto possível. O importante é antecipar-se ao assunto, em vez de permitir que ele exploda em suas mãos. Em seguida, extirpa-se da agenda todas as sobras do passado, que hoje perderam a relevância. Elimina-se aquela reunião inútil das terças-feiras, que tem sido como móveis e utensílios nos últimos 50 anos. Acaba-se com aqueles seis tipos diferentes de relatórios que pousam em sua mesa todos os dias, apenas por força da inércia, pois há muito tempo perderam qualquer utilidade. Recorre-se a teleconferências para evitar deslocamentos desnecessários. Não mais se participa de reuniões somente para marcar presença. Apenas as pessoas indispensáveis estarão presentes em qualquer evento. Extinguem-se os projetos de estimação, que consomem tempo e dinheiro, mas pouco contribuem para o esforço de mudança. Delega-se mais. Descobre-se o que pode e deve ser feito por outros e transferem-se essas tarefas. Se o trabalho for imprescindível e puder ser feito de maneira mais econômica pelos pares ou subordinados, que assim seja. Se determinadas atividades, também imprescindíveis, forem mais bem executadas pelos chefes, que assim seja. Descartam-se as atribuições que apenas servem para afagar o ego e criar a ilusão de prestígio — veja quanta coisa importante eu

Não permitir o desânimo **153**

faço! Em vez disso, esvazia-se a mesa, transfere-se para os outros o que os outros devem e podem fazer melhor. Combate-se o impulso egocêntrico e ubíquo de que somos obrigados a fazer algo porque todo o mundo é incompetente.

As pessoas não são máquinas. Apenas a manutenção rotineira não é suficiente para garantir seu bom funcionamento. Precisamos do rejuvenescimento produzido pelo sono, pelo relaxamento e pelas diversões. Todos os participantes de qualquer grande esforço de mudança de uma empresa, de um departamento ou de um grupo de trabalho devem afixar um lembrete no espelho de seu banheiro em casa, para que seja lido todas as manhãs: "Não adianta morrer."

Nossa história favorita no passo 7

Esta é *criativa*.

A rua

Jack Jacobs

Já tínhamos feito grande progresso em termos de melhorar os serviços aos clientes, elemento fundamental de nossa nova visão. Aumentamos a porcentagem de entregas exatas e pontuais de 50% para 99%, embora 50% já fosse um padrão bastante bom em nosso setor. Nosso sucesso não só ajudou os clientes, mas também serviu para demonstrar que estávamos no caminho certo. Infelizmente, embora esse resultado já fosse uma grande vitória, essa conquista de repente nos deixou vulneráveis a acessos de complacência. A pergunta era "O que fazer em seguida?".

Entretanto, conforme logo ficou claro, nossas iniciativas para melhorar os prazos de entrega criaram condições para que reforçássemos nossa visão e nossos valores e mantivéssemos o ritmo da mudança. Já elimináramos todos os nossos estoques próprios, transferindo-os para os fornecedores. Em consequência, passamos a dispor de enorme área ociosa em nossas instalações de produção. Quem caminhasse pela fábrica teria a sensação de estar num depósito vazio, em vez de em uma linha de montagem. Isso mostra a quantidade de espaço liberado. Em breve, começamos a procurar novos materiais para ocupar os vazios. Em face da extensão de nossas ativi-

154   O Coração da Mudança

dades de fabricação, a tarefa não seria difícil. As possíveis matérias-primas a serem armazenadas nos novos espaços eram muitas: madeira, chapas de aço, cilindros de plástico, cavilhas de aço, e assim por diante.

Certo dia, um de nossos projetistas procurou-me com uma dessas ideias inesperadas: "Por que não usamos o espaço para ampliar os escritórios?" Na época, a fábrica tinha algumas salas para gerentes, mas, de um modo geral, os gerentes ficavam na sede corporativa, a uns cinco minutos de carro. A ausência de gerentes na fábrica não chegava a ser surpresa, pois o prédio era uma dessas caixas sem janela, que fornece abrigo contra as intempéries, e nada mais. E assim começamos a pensar em opções para converter os espaços vazios em escritórios para todos os gerentes e pessoal de apoio administrativo.

Em face da minha preocupação em garantir a continuidade da mudança, reanalisei a visão para ver se a proposta de reforma da fábrica se enquadrava em nosso programa de mudança mais amplo. O produto desse trabalho foi o conceito de comunidade. Estávamos comprometidos com o reforço do senso de comunidade, na crença de que ganharíamos força e conquistaríamos vantagem competitiva, mediante a união mais coesa dos milhares de pessoas que trabalhavam na organização. Nossa descoberta foi que o redesenho das instalações talvez fosse uma oportunidade para reforçar toda a nossa noção de comunidade. Com base nessas premissas, transferimos a questão para os projetistas. "Como reconfigurar a fábrica, de modo a reforçar o senso de comunidade e preservar com visibilidade o programa de mudança?" O que saiu das pranchetas foi realmente brilhante.

Concluímos que reforçaríamos o senso de comunidade se descobríssemos algum meio de aumentar a interação entre o pessoal de escritório e os trabalhadores da fábrica e ficamos pensando se conseguiríamos algo desse tipo com o novo espaço disponível. Quanto mais refletíamos sobre o assunto maior era a nossa ambição. O que começou como um estalo súbito, logo converteu-se numa ideia complexa e espantosa. Resolvemos transferir toda a linha de fabricação para o centro do prédio e envolvê-la com um amplo corredor. O teto do corredor seria de vidro, de modo que, até nos dias mais nublados de inverno, a luz natural inundaria o ambiente. No outro lado do corredor, instalaríamos os escritórios administrativos. Assim, basicamente, a linha de produção ficava no meio; os escritórios, do lado de fora; e entre os dois teríamos esse amplo corredor.

Em seguida, resolvemos instalar todas as dependências comuns, como lavatórios, refeitórios etc., com acesso pelo corredor principal, de modo a serem compartilhadas pelo pessoal do escritório e da fábrica. Assim, para que os trabalhadores da fábrica usassem o banheiro, eles tinham de sair da linha de produção e caminhar pelo corredor. O mesmo se aplicava aos trabalhadores do escritório. Em consequência, ambos os grupos usam não só as mesmas instalações, mas também o mesmo corredor. Assim, as interações são constantes, seja nas dependências comuns, seja no corredor, nos percursos de ida e volta.

Com efeito, o corredor ficou tão movimentado que passou a ser chamado de "A Rua", poderosa ferramenta para a integração entre os empregados da fábrica e dos escritórios. Nos refeitórios, nos cafés, nos banheiros e nas reuniões "A Rua" é a via de acesso e de intercâmbio, oferecendo-nos a oportunidade de relaxar e de agir com liberdade e naturalidade. Se isso não for construir a comunidade, não sei o que surtiria efeito semelhante.

Assim, conseguimos não só utilizar com mais eficiência o espaço resultante de nossa primeira mudança, mas também aproveitar a nova área para reforçar a comunidade e, em última análise, impulsionar nosso esforço de mudança, com muita visibilidade. Era algo que a ninguém passaria despercebido. Até certo ponto, tivemos muita sorte. Mas o fator crítico foi uma equipe que percebeu o ponto onde deveríamos concentrar o foco. E assim fizemos.

Pense em todas as maneiras como os personagens de "A Rua" poderiam ter explorado o tema da colaboração. A mais óbvia seria um novo programa. Nesse caso, haveria discursos, seminários e talvez alguma alteração no formulário de avaliação do desempenho. É até possível que tudo isso ajudasse. Mas a matéria-prima de tanto esforço continuaria sendo uma força de trabalho cansada de mudança e uma base de empregados com o senso de urgência no fundo do poço. Nessas condições, as pessoas geralmente levantam as mãos, convencem-se de que boa parte da visão já foi realizada, declaram-se vencedores, e resistem a novos programas, não importa quão bem concebidos.

O esforço de mudança em "A Rua" deu certo não porque promoveu diretamente a colaboração ou mudou as bases da colaboração.

156   O Coração da Mudança

Fundamental para seu êxito foi todos terem visto a empresa investir na construção de um espaço que tornasse muito mais fácil a interação, o trabalho conjunto e o relacionamento entre todos os tipos de empregados. Isso confere enormes credenciais a ideias vagas, grandiosas e visionárias, do tipo "Devemos estreitar a colaboração, sem distinções e preconceitos". "A Rua" produziu resultados porque operários e funcionários passaram a ver uns aos outros e conviver lado a lado com frequência suficiente para desbancar os estereótipos e personalizar os relacionamentos. "Meu Deus, ele também é humano, usa roupas, comunica-se e não devora criancinhas no almoço!" A atenuação dos preconceitos aumenta as chances de colaboração e, em consequência, promove a realização da mudança. E, assim, a empresa ultrapassa mais uma onda no processo de mudança e aproxima-se da linha de chegada. Agora a organização dispõe de um espaço de trabalho típico do século XXI, algo de deixar boquiabertos os mais criativos profissionais de recursos humanos.

Para mais informações sobre a consolidação dos ganhos, sem esmorecimento, ver Capítulo 9 de *Liderando Mudanças*.

PASSO 7

Não permitir o desânimo

O QUE AJUDA
- Descartar-se agressivamente do trabalho desgastante — tarefas que foram relevantes no passado mas que já não são importantes ou tarefas que podem ser delegadas.
- Buscar continuamente soluções criativas para manter a mudança em ritmo acelerado.
- Explorar as novas situações com senso de oportunidade (como em "A Rua") para lançar a nova onda de mudança.
- Como sempre, dar exemplos, dar exemplos, dar exemplos.

O QUE NÃO AJUDA
- Engessar a empresa com um rigoroso plano de quatro anos (seja mais oportunista).
- Convencer-se de que a tarefa está concluída, quando não está.
- Convencer-se de que é possível realizar o trabalho sem desafiar alguns dos comportamentos burocráticos e políticos mais arraigados.
- Trabalhar em demasia, a ponto de esgotar-se física e emocionalmente (ou sacrificar sua vida fora do trabalho).

HISTÓRIAS PARA LEMBRAR
- Índices P/L
- O mercador do medo
- Resumindo 25 páginas em 2.
- A rua

PASSO 1
AUMENTAR A URGÊNCIA

PASSO 2
CONSTRUIR A EQUIPE DE ORIENTAÇÃO

PASSO 3
DESENVOLVER A VISÃO CERTA

PASSO 4
COMUNICAR-SE PARA PROMOVER A COMPRA

PASSO 5
EMPOWERMENT PARA A AÇÃO

PASSO 6
PROPICIAR VITÓRIAS A CURTO PRAZO

PASSO 7
NÃO PERMITIR O DESÂNIMO

PASSO 8
TORNAR A MUDANÇA DURADOURA

PASSO 8

Tornar a Mudança Duradoura

A TRADIÇÃO É UMA FORÇA PODEROSA. Os saltos para o futuro às vezes terminam em quedas no passado. Mantém-se o ritmo da mudança mediante o desenvolvimento de novas culturas organizacionais suficientemente sustentadoras e vigorosas que propiciem o enraizamento das novas formas de operação, promovendo as tecnologias revolucionárias, as estruturas globalizadas, as estratégias inovadoras e os processos eficientes que contribuem para a criação de empresas vencedoras.

A mudança pode ser frágil

A mudança bem-sucedida é mais frágil do que se imagina, ou se deseja imaginar. Não há pai ou mãe que algum dia não tenha passado pela experiência de irromper num recinto cheio de crianças na maior algazarra e restabelecer a ordem depois de alguns berros e palmadas, para logo depois constatar que a bagunça voltou ainda mais intensa, mal deu as costas. Este é o problema de tornar a mudança duradoura, em sua forma mais elementar.

O processo de promover a estabilidade da mudança é algo difícil em muitas instâncias da vida. Se o desafio não for bem enfrentado de maneira hábil, como última etapa do processo de mudança em grande escala, é possível que se esvaia todo o esforço anterior.

O chefe foi para a Suíça

John Harris

Trabalháramos duro para desenvolver formas de operação que não fossem à imagem e semelhança da empresa tipicamente lenta e burocrática. Não tínhamos chefes respondendo a chefes, respondendo a chefes. Em vez de cinco níveis hierárquicos, algo comum em nosso tipo de negócio, reduzimos os escalões para três. No lugar de cinco camadas de supervisão, havia apenas duas. Essa boa forma física nos permitia reagir com rapidez — e assim agíamos. Não precisávamos esperar enquanto as mensagens circulavam a cada vez mais por destinatários desinteressados. Não ficávamos parados enquanto as decisões ricocheteavam entre diferentes níveis e pessoas. Os indivíduos estavam livres de restrições e dispunham de poderes para agir, prestando contas de suas iniciativas. Ao mesmo tempo, tanto quanto possível, as decisões foram transferidas para as linhas de frente. Caso um gerente na Califórnia concluísse que seria bom revisar a campanha de propaganda para determinado produto, ele o fazia sem consultar-me antes.

Por vezes, tivemos de lutar para manter a estrutura formal que sustentava tudo isso. Não raro surgia certo tipo de conversa em que alguém da sede corporativa comentava: "Fulano precisa ter mais responsabilidade por pessoas. Seria bom que chefiasse algum gerente. É um profissional de alto potencial e é bom que tenha oportunidades de desenvolvimento." Bem, desenvolver pessoas é essencial, mas não era assim que o fazíamos, que deveríamos fazê-

Tornar a mudança duradoura   161

-lo e que poderíamos fazê-lo, sem tornar obesa nossa organização esbelta e ligeira. Assim, nossa resposta quase sempre era: "Bem, ele é responsável pela comercialização de alimentos para animais de estimação na Califórnia e, ao executar o seu trabalho, precisa gerenciar relacionamentos com pessoas em várias divisões." Por seu turno, eles retrucavam: "Sim, mas para ser um vice-presidente é preciso ter dez subordinados diretos." Evidentemente, para cumprir a norma, precisaríamos criar uma posição de vice-presidente e contratar mais gerentes.

Também não era raro outro tipo de conversa, mais ou menos do seguinte teor: "A organização cresceu; assim, precisamos implementar novos sistemas para a melhoria dos controles, contratar novos empregados para o gerenciamento dos sistemas e admitir novo vice-presidente para a supervisão de todo esse conjunto." Essas propostas geralmente eram feitas por representantes bem-intencionados de recursos humanos ou de finanças, que pretendiam desenvolver uma organização à prova de erros. Mas isso não era bom. Precisávamos de, e havíamos desenvolvido, uma organização em que prevalecia o senso de responsabilidade, de prestação de contas, de ausência de restrições e de capacitação para a ação. Tomavam-se decisões tão próximo quanto possível da ação. Cometiam-se erros, mas não muitos, e aprendia-se com os erros. Só não queríamos pessoas submissas a regras.

Então, fui transferido para a Suíça.

Uma de nossas práticas de desenvolvimento de pessoas é enviá-las para nossa sede corporativa na Suíça, onde passam algum tempo. E lá fui eu.

Deveria voltar em cinco anos. Esse era o prazo para a conclusão de minha incumbência. Mas depois de três anos, os resultados de minha ex--divisão haviam caído tanto que mal podia acreditar naquilo. Como uma organização que se movimenta com rapidez, onde as decisões são tomadas nos pontos mais próximos da ação e dotada de bom quadro de pessoal decai tão rapidamente de ótimos para péssimos resultados, num setor que não está enfrentando problemas? A gerência suíça devolveu-me às pressas para a Califórnia. Não estavam nem um pouco satisfeitos.

De volta aos Estados Unidos, encontrei uma organização diferente, não mais esbelta e ágil, com pessoas responsáveis. Depois de afastar-me por apenas três anos, adicionaram-se dois níveis hierárquicos à estrutura organizacional. Criaram-se os cargos de vice-presidente de operações e de vice-presidente sênior. Isso, por sua vez, desencadeou um aumento exponencial no efetivo de pessoal. Contrata-se um vice-presidente e, de repente,

162   O Coração da Mudança

aparecem assistentes administrativos. Também admite-se uma penca de gerentes para responder ao vice-presidente. Em breve, a estrutura esbelta de três camadas converte-se em organização balofa de vários níveis. Não demora muito e tudo começa a ficar mais vagaroso. As decisões voltam a ser tomadas nos lugares errados. E isso foi exatamente o que encontrei ao retornar à Califórnia.

De início, fiquei chocado com a rapidez com que tudo revertera à forma inicial, mas agora compreendo os acontecimentos. Meu substituto não compartilhava minha visão a respeito de como gerenciar uma organização esbelta. Para ele, o importante era reproduzir a estrutura organizacional de muitas outras divisões da empresa. Talvez fosse até recompensado pela disciplina. Sei como, no passado, tive de lutar para manter a organização em boa forma. Havia apenas uma ou duas pessoas favoráveis à regressão, mas já era o suficiente. Assim que fui embora, mudaram a estrutura, adicionaram dois níveis hierárquicos e passaram a operar de maneira diferente. Francamente, não acreditava que todo o nosso trabalho pudesse ser desfeito com tanta facilidade.

Agora estou de volta. De novo eliminamos as camadas desnecessárias. Cortamos as despesas de vendas, gerais e administrativas para manter-nos esbeltos, mas vejo que preciso ir mais longe. Acho que a única maneira de realizar a visão, de concretizar a filosofia, é mudar toda a maneira de fazer negócios, infundir a visão em todas as atividades da unidade, mentorizar os indivíduos que compartilham a visão, e muito mais. A impregnação deve ser mais profunda. A boa forma não deve depender de um indutor externo. É preciso praticar exercícios diários e arraigar o hábito.

Em geral, a mudança é sustentada pela equipe de orientação, por um protagonista na equipe (como neste caso), pelo sistema de remuneração, pela estrutura organizacional e pelo entusiasmo inicial em relação aos resultados propiciados pela mudança, e, às vezes, até por menos. Mas nem sempre se percebe essa realidade. Às vezes, até parece que se construiu uma casa robusta, mas não se percebe que as paredes estão sendo sustentadas pela equipe de construção. Finalmente, quando a equipe deixa a obra, a gravidade impõe seus efeitos. Nos esforços de mudança em grande escala, a gravidade é a velha cultura organizacional.

Cultura organizacional é um conceito complexo. Para nossos propósitos aqui, significa normas de comportamento e valores compartilhados pelo grupo. Trata-se de um conjunto de sentimentos comuns a respeito do que é importante e de como agir. Um bom teste para verificar se algo está arraigado na cultura é se os pares, de forma inconsciente, nos empurram de volta para as normas grupais quando nos desviamos dos padrões. As palavras-chave são *pares* — ou seja, pessoas no mesmo nível hierárquico — e *de forma inconsciente* — o que significa comportamento com raízes mais profundas do que o pensamento racional.

O tempo todo vemos demonstrações da cultura em ação. Nos restaurantes, a maioria das pessoas não faz bagunça, embora pudéssemos, e ainda que seja necessário um pouco mais de tempo e esforço para não deixar cair comida no chão. Usamos guardanapos, em vez de limpar as mãos na toalha de mesa. Será que avaliamos racionalmente que os guardanapos são bons, pois impedem que sujemos a roupa com gordura? Se fosse assim, também usaríamos babador. Não o fazemos porque o uso de guardanapos é um hábito e, mais importante, é parte de nossa cultura. Se violarmos esse costume e usarmos várias partes da toalha de mesa para limpar as mãos e a boca, as demais pessoas presentes no restaurante nos lançariam olhares desabonadores, os serviços talvez se tornassem mais vagarosos ou mais rápidos, a ponto de se tornarem desconfortáveis, pois os garções estariam surpresos com os acontecimentos, e nossas companhias no jantar talvez não nos convidassem de novo. No trabalho, se aparecêssemos nus, talvez fôssemos alvos de uma reação cultural ainda mais forte por parte de todos os colegas, embora nada haja nas normas de recursos humanos que proíba a falta de roupas.

Nos esforços de mudança em grande escala, usamos o poder da cultura para ajudar a tornar a transformação mais aderente. Sob certos aspectos, isso é fácil. Sob outros, é extremamente difícil. É difícil porque, na maioria das vezes, desenvolver novas normas significa mudar regras antigas, profundamente arraigadas. Depois de milhares de anos, tente alterar as normas referentes ao uso de roupas no trabalho. Contudo, em outro sentido, a criação de uma nova cultura é fácil, pois é algo que acontece naturalmente, desde que se assegure a continuidade dos novos comportamentos e do

164   O Coração da Mudança

sucesso deles decorrente por um período suficientemente longo. A cultura é assim. Percebe-se essa realidade com mais nitidez nas empresas emergentes. Um empreendedor cria um modelo de negócios inédito e alcança grande sucesso. Se ele e seu pessoal não perderem de vista a fórmula, apesar do inchaço do ego resultante do sucesso, a nova cultura organizacional, alguns anos depois, será bastante forte a ponto de dispensar a presença do empreendedor.

É possível alcançar grande sucesso na criação de novas culturas. Às vezes, os empreendedores deixam como herança normas e valores compartilhados que são como cimento, de modo que, quando o mundo muda, a organização tem grande dificuldade em adaptar-se. Mas o problema que hoje enfrentamos raramente é o de criação de culturas fortes demais. Geralmente ocorre o oposto. A rotatividade do pessoal, as pressões dos negócios, as crises disruptivas e os chefes que vão para a Suíça solapam as culturas frágeis, não permitindo que criem raízes suficientes.

Nova orientação aos empregados

O *turnover* dos empregados pode ser sobremodo corrosivo. Quando as pessoas que são exemplos vívidos da nova cultura vão embora, corre-se o risco de as normas e valores também saírem porta afora. Por outro lado, ao ingressarem nas organizações, os indivíduos trazem consigo diferentes culturas. Em ambos os casos, é possível que as novas formas de operação mantenham-se frágeis ou degenerem — a não ser que se adotem medidas específicas para lidar com o problema.

O caminho para o paciente

Dr. Thomas Rossi

Todos os empregados sabem que descobrimos, desenvolvemos e lançamos novos medicamentos, e que um medicamento bem-sucedido beneficiará a empresa. Mas saber por que às vezes trabalhamos bem, outras vezes não trabalhamos bem e qual o grau de nosso sucesso não era algo intuitivamente óbvio para todos uns dois anos atrás. Isso porque nossos

Tornar a mudança duradoura **165**

medicamentos *nunca* são fracassos. Não lançaríamos um mau medicamento. Assim, se alguém perguntasse ao pessoal de nosso departamento, dois anos atrás, se éramos bem-sucedidos, a resposta seria: "Claro. Todos os medicamentos que lançamos ajudam as pessoas; logo, é óbvio que estamos agregando valor a P&D e à empresa em geral."

Mas apenas o fato de os medicamentos que produzimos serem bem-sucedidos não significa a ausência de problemas no processo. Nosso pessoal não percebia que, em média, gastávamos 50% a mais por medicamento do que o necessário para seu lançamento. O que não viam é que demorávamos cinco a seis anos para introduzir novo medicamento no mercado, em vez de três. Mas por que não se davam conta disso? Porque nunca saíram de seus silos. Sei que *silo* hoje é um termo desgastado, mas essa era de fato nossa realidade. Nosso pessoal era oriundo de uma ampla variedade de disciplinas científicas, e cada um trabalhava em seu pequeno mundo, explorando seus pequenos fragmentos de ciência. Se fossem parte dos testes do nível 1, apenas executavam sua avaliação inicial do medicamento, ponto. Não queriam saber de coordenar-se com o pessoal que executava os testes no nível 3, onde perdíamos dinheiro com milhares de triagens completas com pacientes. Se os cientistas responsáveis pelos testes nos níveis 1 e 3 tivessem trabalhado juntos antes para determinar que medicamentos deviam ser submetidos à triagem com pacientes, não teríamos perdido tanto dinheiro com trabalho desnecessário. Hoje, estamos consertando essa situação .

Nossa visão é "tornar-se líder setorial na criação de valor por meio de P&D". Para atingir esse objetivo, lançamos um programa de mudança em grande escala, a fim de tirar os empregados de seus silos e concentrar o foco de cada um em seu papel no processo mais amplo de P&D. Aumentamos a urgência, ajudando as pessoas a compreender em que pontos nosso desempenho não era satisfatório e o que fazer para melhorar os resultados, como unidade integrada. Desde o início, contamos com o apoio da liderança da matriz. Para tanto, envolvemos os expoentes de P&D no esforço de mudança em suas áreas, realizamos vários eventos de divulgação e promovemos sessões de treinamento em todo o processo de P&D. Tudo isso gerou muitas melhorias. Contudo, recentemente, estamos trabalhando no componente mais importante, que é a preservação de todas as mudanças já implementadas — convertendo-as em estilo de vida.

Não podemos permitir que novos empregados reintroduzam a mentalidade de silo, o que ocorreria com *muita* facilidade, pois a maioria dos

166 O Coração da Mudança

recém-admitidos passou boa parte da vida em silos. Assim, desenvolvemos com muito cuidado a maneira de introduzir os novos contratados nos respectivos departamentos. O processo começa com nosso programa de orientação. Trata-se de um evento de dia inteiro, realizado na sede corporativa, para ajudar os recrutas a melhor compreender o desenvolvimento de medicamentos. A base do programa é uma série de clipes que mostram aos novos empregados nossas práticas de trabalho e seus valores subjacentes.

O vídeo começa com a imagem computadorizada de uma rodovia, sob o título "Caminho para o Paciente". À medida que se avança pela estrada, veem-se várias saídas. Uma desemboca na descoberta de medicamentos, outra leva ao desenvolvimento de novos produtos, e assim ao longo do trajeto. Antes de entrar na rodovia, ouvem-se algumas palavras do *chairman*. Ele explica sua visão do mundo farmacêutico sob a perspectiva de negócios. "Eis o que procuramos realizar." Na última sessão de que participei, ouvi um cientista voltar-se para a mulher a seu lado e observar: "Em meu velho departamento [em outra empresa] ninguém nem ao menos sabia quem era o *chairman*!"

Durante todo o vídeo ouvem-se comentários de várias pessoas, como os do CEO. Quando se toma a saída para descoberta de medicamentos, por exemplo, um dos cientistas fala sobre o processo de testes. "Olá. Gostaria de apresentar-lhes um robô que nos ajuda na triagem inicial dos medicamentos. A máquina analisa os componentes do medicamento e nos adverte quanto a alguns riscos potenciais — avisos referentes a interações medicamentosas etc...". Ao voltar para a rodovia e tomar a saída para lançamentos, encontra-se um gerente que comenta sobre uma conversa por telefone com alguém da área de testes da fase 3. "Recebi um telefonema de meu amigo sobre um novo medicamento capaz de ajudar os portadores de epilepsia. Já fizeram a triagem com pacientes e parece que os resultados foram positivos. Assim, é hora de partir na frente para o lançamento do produto. Analiso o desempenho do medicamento na triagem com pacientes, converso com o pessoal de campo e avalio o grau de preparação do mercado para o produto...".

Toda a orientação, inclusive vídeo e apresentações, salienta para os novos empregados nosso novo processo de P&D sem silos. Agora é comum ouvir-se um novo contratado, trabalhando há uma semana no desenvolvimento de produtos, dizer algo do tipo: "Já telefonei para o pessoal de testes e

Tornar a mudança duradoura **167**

pedi-lhes para preparar aquele robô, pois estamos com outra descoberta em andamento."

Também mostramos aos novos empregados (e aos antigos) clipes de pacientes que se beneficiaram com medicamentos lançados nos últimos cinco anos. Isso ajuda as pessoas a compreender os resultados finais e vincula nosso trabalho a valores pessoais. Um deles mostra uma menina que ajudamos com nosso novo medicamento para epilepsia. Ela sofria 60 a 70 ataques epilépticos por dia. Não podia ir à escola, não conseguia estudar, mal falava. Nenhum remédio produzia resultados, a terapia convencional não surtia efeito, mas o nosso produto deu certo. "Obrigada", diz ela, "por me deixarem ser criança de novo." A manifestação foi espontânea. Não resultou de nenhuma armação. Não sou o único a ficar emocionado com o vídeo. Olha-se em torno da mesa e todos estão com lágrimas nos olhos ou com uma expressão sorridente. Fatos como esse deixam-nos orgulhosos de trabalhar aqui, orgulhosos de ser parte de algo grandioso. Parece piegas, mas é verdade.

Também ampliamos o foco do novo pessoal para a totalidade do processo de P&D, evitando a convergência em silos específicos, por meio da educação interativa disponível em nossa intranet. Cada um estuda em seu próprio ritmo, mas todos devem submeter-se a teste final. A ideia é que demonstrem alguma proficiência em negócios, no desempenho das atividades de P&D. Um gerente que trabalha em descoberta de novos medicamentos disse-me que um dos membros de sua equipe terminou o curso antes dele e agora tentava demonstrar-lhe como seria possível trabalhar melhor com o grupo de desenvolvimento de novos produtos! Aparentemente, ela teria dito algo assim: "Por que você não dá uma olhada no nosso site na intranet para aprender um pouco mais sobre o que estão fazendo na área de desenvolvimento? Acho que seria possível coordenar algumas de nossas descobertas um pouco mais cedo."

Com esse tipo de iniciativa, estamos tentando ajudar os novatos a aprender a nova maneira de fazer as coisas e, por meio deles, arraigá-la com mais profundidade no nosso dia a dia.

Se tudo isso tivesse sido feito sem sinceridade, talvez parecesse propaganda e não teria dado certo. Entretanto, mesmo quando bem conduzidas, iniciativas desse tipo são odiadas pelos cínicos. Mas a

168 O Coração da Mudança

empresa não abandonou suas práticas a fim de tornar-se mais atraente para esse tipo de candidatos. Além do mais, nos primeiros dias de um novo emprego, a maioria das pessoas imbui-se das melhores intenções e deixa de lado o cinismo.

O programa de orientação aos empregados em "O Caminho" tinha quatro características fundamentais:

1. Apresentava a nova forma de operação do grupo de P&D.
2. Baseava-se intensamente em imagens. Os novos contratados viam e ouviam empregados de verdade falando sobre seu trabalho e contando histórias da vida real sobre suas atividades do dia a dia.
3. Explorava recursos criativos de animação para mostrar de maneira concreta o que geralmente se discute em termos abstratos. ("Integramos com o máximo de coesão as diferentes fases do processo"). Por ter sido benfeita, a animação era mais memorável do que qualquer apresentação formal.
4. Salientava um valor essencial da nova cultura, de maneira intensamente emocional, com uma mensagem espontânea e sincera de um cliente de verdade.

Com esse tipo de orientação, as visões cativantes despertam sentimentos que ajudam os novos empregados a comportar-se "corretamente", da maneira mais rápida possível. O desempenho do grupo mantém-se em seu novo nível ou melhora ainda mais. A continuidade da ação e do sucesso ajuda a incutir de maneira mais profunda o novo comportamento na cultura.

O processo de promoções

Outra forma de reforçar uma cultura frágil é por meio do processo de promoções. As promoções certas tornam mais influentes os indivíduos que realmente refletem as novas normas de comportamento, tornando-as mais arraigadas no âmago da organização.

Promovendo a mulher de trinta e poucos

Arthur Sulzberger Jr.

A intensidade das mudanças que introduzimos em nossa empresa na última década é um tributo extraordinário a alguns de nossos empregados. Durante cerca de seis anos, convertemo-nos em jornal de âmbito nacional, atingindo centenas de milhares e possivelmente milhões de leitores, fora de nossa base geográfica anterior, em Nova York. Isso implicava a necessidade de expansão significativa de nossos recursos de distribuição, circulação e impressão. Também exigia novas formas de conquista de contratos de propaganda, a fim de ajudar consistentemente nosso pessoal a internalizar e a concretizar a meta de ser "nacional" em vez de "local". Tudo isso era indispensável, embora, em várias outras ocasiões, tenhamos fracassado em tentativas semelhantes.

Ao longo de todo esse processo, uma das coisas que aprendi foi que depois que se tem a visão clara de onde se pretende chegar, depois de divulgar a visão, depois que se experimenta o sucesso de verdade, resultante da adoção das novas regras, nada é mais importante para tornar a mudança duradoura e nada contribui mais para criar com rapidez a nova cultura do que promover pessoas que estejam fora das fileiras da hierarquia.

Quando procurávamos um novo chefe de planejamento, alguns meses atrás, vários candidatos no nível "certo" da hierarquia interna seriam os vencedores mais prováveis da corrida pelo preenchimento da vaga. Eram boa gente, mas nem sempre refletiam em suas atitudes a nova cultura, que chamamos de Regras de Trânsito. Ainda estavam imbuídos do credo da velha escola e, apesar de todas as mudanças, achavam mais fácil e mais confortável agir de maneira a justificar o passado, em vez de promover o futuro.

A colaboração era uma das Regras de Trânsito, mas ainda havia muitos candidatos à promoção que tomavam decisões unilaterais. Afinal, o velho processo é mais fácil e mais rápido; porém, não se enquadra nas novas normas. De mais a mais, esse estilo decisório tradicional reforça a hierarquia, solapa as mudanças já implementadas e dificulta a prosperidade no futuro. Sem dúvida, as novas normas encontram resistência nesse ambiente; contudo, se o pessoal de nível sênior consegue praticá-las, a missão decerto não é impossível.

170 O Coração da Mudança

Assim, promovemos para a posição de chefe de planejamento Denise Warren. Ela estava com mais ou menos "trinta e poucos". Trabalhava em horário flexível. O feito foi considerado notável em nossa organização. Dois níveis acima! Tão jovem! Semana de quatro dias! Mas a decisão foi boa para nós, pois baseava-se na capacidade de Denise de observar as "Regras de Trânsito" e de atingir as metas de longo prazo.

Aos poucos, estamos melhorando nossa capacidade de identificar e de promover esse tipo de pessoa. Obviamente, devemos ser cuidadosos em selecionar indivíduos com habilidades para o cargo. Isso exige um bom processo de triagem que leve em conta muitos atributos diferentes dos candidatos. Temos de evitar por todos os meios a criação de animosidades deletérias entre os preteridos ou entre os que torciam por outro candidato. Quando o pessoal compra a visão, quando se é claro sobre o que se está fazendo e quando os critérios de escolha em si são corretos, a maioria dos empregados compreenderá a promoção, ainda que se surpreendam de início.

Fincamos nossas estacas no solo, em relação às nossas novas formas de operação, ou seja, abordagens que nos ajudam no presente e que são importantes para o avanço no futuro. Quanto mais se demonstram essas abordagens e se permite que outros também as comprovem, maiores serão nossas chances de torná-las duradouras.

Ao transferir para posições de poder pessoas que absorveram a nova cultura, constroem-se pilares cada vez mais sólidos e estáveis. Desde que não sejam malvistos, o que provoca raiva, qualquer novo contratado ou chefe que se enquadre nas novas normas pode ser de grande ajuda. Mas os indivíduos recém-promovidos a cargos gerenciais seniores são os que mais contribuem para a sustentação do processo de mudança, em face da influência e visibilidade dessas posições.

É até possível que se desenvolva um ciclo. O fortalecimento dos novos critérios de promoção redunda em opções de desenvolvimento de pessoal mais eficazes e mais visíveis, o que, por sua vez, induz as pessoas que adotam a nova cultura a se sentirem mais capacitadas; o que, por seu turno, consolida os comportamentos mais adequados; o que, por si, assegura a continuidade do sucesso nos negócios ou

Tornar a mudança duradoura **171**

a obtenção de resultados ainda melhores, arraigando ainda mais o conjunto de novas normas; o que confere maior credibilidade aos atuais critérios de promoção; e assim por diante.

O poder da emoção

Ao longo de todo este livro, insistimos no poder dos sentimentos para a consecução de grandes mudanças. Várias vezes contamos histórias sobre a capacidade do videoteipe de atingir as emoções. Eis uma última, um exemplo excelente.

A hipoteca da casa

Terry Pearce, Evelyn Dilsaver e Dan Leemon

Aumentamos nosso efetivo de pessoal em 25% ao ano, nos últimos seis anos. Isso significa que apenas um quarto das pessoas que hoje trabalham na organização participou de todo o processo de mudança. Mas apesar desse sucesso, a cultura corria o risco de diluição. Assim, decidimos envolver a totalidade da organização no "reexame de nossos valores", desta vez no contexto da Internet. Chamamos o evento de "Visionquest". Foram quatro horas de uma manhã de sábado, abrangendo 40.000 pessoas de nossa empresa em todo o mundo, interligadas por satélite.

Todos na organização sempre passaram muito tempo reunindo histórias de nossos valores em ação. Num jantar da gerência sênior, realizado dois anos antes do Visionquest, conversamos sobre várias histórias. No final da reunião, cada mesa votou em sua história preferida. Decidimos, então, na hora e no ato, usar essas histórias no programa de orientação aos empregados e em outros eventos da empresa. No Visionquest, selecionamos três dessas histórias.

Uma das mais notáveis, em face das reações que desperta entre o pessoal, diz respeito ao valor da equidade. O vídeo mostra o filho de um de nossos clientes, defronte a uma casa, narrando como seus pais, que nos deviam dinheiro, foram atingidos pelo *crash* de 1987. A tarefa de cobrar a dívida coube a um de nossos vice-presidentes, que logo partiu para o sul da Califórnia, a fim de conversar com o casal sobre como liquidariam o compromisso. Tudo que sobrara de seu patrimônio pessoal se resumia ao

172   O Coração da Mudança

plano de previdência privada conosco e àquela casa. Ambos estavam com sessenta e tantos anos e não gozavam de boa saúde. No final, chegou-se a um acordo pelo qual ficaríamos com a casa para pagar a dívida, mas estipulou-se que o casal continuaria morando lá até que não mais precisasse da casa, ocasião em que assumiríamos a posse do imóvel. No vídeo, o filho do casal dizia aos espectadores que também deixamos que ficassem com o plano de previdência privada, como complemento necessário ao plano de aposentadoria. A empatia e o senso de equidade de nosso vice-presidente não lhe permitiram despejar o casal.

Nessa altura, embora a história ainda não tivesse terminado, essa atitude em si seria mais do que suficiente para demonstrar os nossos valores e como os vivemos na prática. Mas a coisa não ficou por aqui! No vídeo, o filho do casal nos conta que, uns dois anos depois do acordo, o pai morreu e a mãe continuou na casa. Poucos anos depois, um desses grandes incêndios florestais que assolam o sul da Califórnia destruiu completamente o imóvel. Àquela altura, poderíamos ter ficado com o dinheiro do seguro. Entretanto, mais uma vez, agindo da maneira certa, outro representante da empresa, que não tinha nada a ver com o primeiro, examinou a situação exatamente como o vice-presidente anos atrás. O novo personagem ajudou a mulher a negociar a liquidação do sinistro com a empresa seguradora. A casa foi reconstruída e ela voltou a morar no mesmo lugar. Quando a mãe morreu, cinco anos depois, a dívida finalmente foi liquidada. O filho concordou em fazer o vídeo, pois é muito grato pela atenção que dispensamos a seus pais.

Acho que todos percebemos a intensidade com que reagiram os participantes do evento. Um dos presentes era uma mulher que, pela maneira como entrou na sala, por seus trajes, por suas atitudes e, principalmente, por ser sábado de manhã, deixava transparecer com nitidez que estava lá a contragosto. Uns 30 minutos depois do início da sessão, fechou o livro que lera durante todo o discurso de abertura de nosso CEO e só então começou a ouvir. Após a apresentação do vídeo, ela, como muitos outros, estava totalmente engajada no evento. E não eram poucos os que não continham as lágrimas.

Precisamos desse tipo de coisas, e não apenas uma vez. Seu poder vai bem além da distribuição para os novos empregados de folhetos com a declaração de valor. Coisas desse tipo contribuem para que sempre nos lembremos do tipo todo especial de empresa que criamos, singularidade que atrai os clientes para fazer negócios conosco e que convence pessoas notáveis a trabalhar na organização.

A empresa saiu-se bem, em parte, por converter-se em organização que trata os clientes com equidade. Essa característica arraigou-se em seu conjunto de normas e valores. Mas com o rápido aumento do efetivo de pessoal, a cultura organizacional, e os comportamentos por ela respaldados, corriam o risco de grave diluição. Entretanto, com o Visionquest e outros meios, a empresa conseguiu ajudar os veteranos e os novatos, sobretudo estes últimos, a *ver* o que era importante para a organização, a *sentir* esses valores e, principalmente, a *sentir-se bem* ao praticá-los. Esses sentimentos grupais, por sua vez, ajudaram a promover comportamentos e a conquistar vitórias que reforçaram a cultura vencedora.

Ponto controverso mas muito importante

Para aplicar as ideias deste capítulo, sem cometer erros, é essencial compreender um aspecto da mudança organizacional de enorme importância, embora muitas vezes mal interpretado. Nas iniciativas de mudança, a cultura vem depois, não antes.

Não raro as empresas tentam primeiro mudar a cultura. A lógica é inequívoca. Se a cultura for introspectiva, avessa ao risco e morosa, é preciso mudá-la primeiro. Depois disso, praticamente qualquer visão pode ser implementada com facilidade. Parece razoável, mas não é bem assim.

A cultura realmente muda apenas quando as novas formas de operação produzem resultados favoráveis durante pelo menos algum tempo. A tentativa de modificar normas e valores antes de desenvolver novas formas de operação bem-sucedidas não dá certo. A visão pode referir-se a nova cultura. É até possível promover novos comportamentos que reflitam a cultura almejada. Mas os novos comportamentos não se converterão em normas, não pegarão, até o fim do processo.

Essa realidade vai de encontro ao que hoje se ouve em muitos lugares. Até certo ponto, a questão é de semântica. Fala-se em *cul-*

174 O Coração da Mudança

tura, quando o que se tem em mente são novos comportamentos, novas formas de operação. Mas quando se raciocina dessa maneira distorcida, talvez se tente desenvolver esses novos métodos de trabalho imediatamente, ignorando a complacência ou uma equipe de orientação ineficaz. Quando muito, chega-se ao passo 7 e supõe-se que tudo está concluído. E então tudo dá para trás.

Podemos fazer melhor do que isso. Muito melhor. Não estamos tratando de nada esotérico. Quando se vê o que funciona, quando se está imbuído de otimismo quanto à capacidade de criar melhores organizações, nosso poder de realização é surpreendente.

PASSO 8

Tornar a mudança duradoura

Certifique-se de que a mudança está impregnada na própria cultura da empresa, a fim de que as novas formas de operação sejam duradouras.

O QUE FUNCIONA

- Não parar no passo 7 — o processo não acaba enquanto a mudança não criar raízes.
- Usar a orientação aos empregados para mostrar aos recrutas, de maneira cativante, o que realmente é importante para a organização.
- Explorar o processo de promoção de pessoal, a fim de transferir pessoas que agem de acordo com as novas normas para posições influentes e visíveis.
- Contar histórias tocantes, repetidas vezes, sobre a nova organização, o que faz e por que é bem-sucedida.
- Estar absolutamente certo de que se conta com a continuidade de comportamento e de resultados que contribui para o crescimento da nova cultura.

O QUE NÃO FUNCIONA

- Confiar no chefe, em sistemas de remuneração, ou em qualquer outra coisa que não a cultura, para sustentar a mudança em grande escala.
- Tentar mudar a cultura como primeiro passo do processo de transformação.

HISTÓRIAS PARA LEMBRAR

- O chefe foi para a Suíça
- O caminho para o paciente
- Promovendo a mulher de trinta e poucos
- A hipoteca da casa

CONCLUSÃO

Vemos, Sentimos e Mudamos

A TURBULÊNCIA JAMAIS CESSARÁ. As melhores evidências mostram que as organizações vitoriosas continuarão a enfrentar essa instabilidade inexorável, seguindo o processo de oito passos para promover a adaptação e a transformação. O maior desafio isolado ao longo do processo é mudar o comportamento das pessoas. A chave para essa mudança de comportamento, tão clara nas transformações bem-sucedidas, tem menos a ver com analisar e pensar do que com ver e sentir.

Albert Schweitzer um dia disse: "Exemplo não é a principal coisa que influencia os outros. É a única coisa."

Pensar e sentir

O pensamento claro é fator crítico da mudança em grande escala, seja em corporações gigantescas, seja em unidades de negócios menores ou em empresas de pequeno porte. A escolha da estratégia adequada talvez seja o exemplo mais óbvio. A identificação das informações a serem utilizadas no aumento do senso de urgência

178 O Coração da Mudança

é outro. A seleção de oportunidades para vitórias a curto prazo é um terceiro. Mas quando se ouvem as várias histórias de métodos de mudança de grande sucesso constata-se um padrão impressionante. Como somos sensíveis às emoções que solapam a mudança, as organizações bem-sucedidas descobrem meios de atenuar esses sentimentos. Como também somos sensíveis às emoções que sustentam a mudança, as organizações bem-sucedidas descobrem meios de acentuar esses sentimentos. Essa constatação se aplica a todas as oito fases do processo que ajuda as organizações a dar o salto para a frente.

As emoções que solapam a mudança abrangem raiva, falso orgulho, pessimismo, arrogância, cinismo, pânico, exaustão, insegurança e ansiedade. As emoções que sustentam a mudança incluem fé, confiança, otimismo, urgência, orgulho realista, paixão, vibração, esperança e entusiasmo.

Os líderes de mudança bem-sucedidos identificam problemas ou soluções em determinada parte do processo de mudança. Em seguida, divulgam suas descobertas da maneira mais concreta possível, por meio de veículo que se possa ver, ouvir e tocar. Isso significa um mostruário de luvas, em vez de um relatório sobre luvas. Os líderes de mudança bem-sucedidos também defendem suas posições de maneira tanto quanto possível emocionalmente envolvedora e cativante. Isso significa uma competição em Bali, com entretenimento e lágrimas, em vez de um evento puramente racional, numa sala de conferências em Nova York. Os líderes de mudança bem-sucedidos revelam a verdade por meio de um conjunto de apresentações e acontecimentos criativos. Recorrem a videoteipes de clientes jubilosos e furiosos. Exploram histórias vibrantes, até mesmo de corpos em salas de estar. Servem de modelo, por suas próprias ações, do que querem transmitir aos outros, até mesmo quando o risco é defrontar-se com antigos inimigos de guerra. Garantem a visibilidade dos resultados, seja em quadros de avisos, seja em novos formulários para um senador. Mudam o contexto para que as pessoas vejam coisas diferentes: novos ambientes físicos, com outra arquitetura; relatórios enxutos, muito mais sucintos; novas abordagens ao planejamento, mediante a pintura de imagens; novas tarefas para um velho gerente, como inspetor de qualidade dos próprios produtos, na casa do cliente. Animam o espetáculo com objetos do dia a dia, desde aviões semiacabados a retratos vetustos, e com histórias vibrantes, recontadas e decantadas à exaustão. Mas qualquer que seja o método, todos eles transmitem ideias inteligentes que se aninham indeléveis em áreas do cérebro bem mais profundas do que as responsáveis pelas funções racionais e analíticas — ideias com forte impacto emocional. Os sentimentos mudam os comportamentos e, assim impulsionadas, as pessoas se movimentam ao longo dos oito estágios do processo de mudança em grande escala, não obstante as enormes dificuldades com que se deparam pelo caminho. Dessa maneira, conseguem saltar para um futuro melhor, quase sempre apesar do ceticismo inicial quanto a possibilidade e até mesmo a necessidade da aventura. Na verdade, o sucesso por vezes é tão grande que até parece milagre.

Até certo ponto, esse padrão tem a ver com a estrutura do cérebro. A área cerebral que trata das análises sofisticadas é produto mais recente na evolução da espécie humana. A seção mais antiga e mais volumosa transmite as informações diretamente dos sentidos para os centros emotivos que instigam a ação. Além disso, o padrão também se relaciona com a natureza da mudança em grande escala, numa era de turbulência. As ferramentas analíticas exigem parâmetros conhecidos, produzindo resultados muito menos satisfatórios em situações de incerteza.

Em nível mais profundo, todos conhecemos o método ver--sentir-mudar. Todos o observamos e o experimentamos em muitas situações. Raramente o mencionamos uns aos outros, conversamos sobre ele ou o ensinamos em ambientes formais. Mas, como tudo, essa situação também mudará, pois as necessidades de um mundo cada vez mais veloz tornarão a mudança inevitável.

Mais do que um punhado de heróis

Em épocas mais estáveis, a espécie de mudança descrita neste livro não era muito importante. Outrora, o nome do jogo era "conquiste uma posição importante e cuide de mantê-la". Ou seja: construa um grande fosso em torno de um castelo, conserve o fosso em bom estado, mantenha um exército bem treinado e fique quieto.

Ver, sentir, mudar

Ver
Identifique um problema, ou uma solução para um problema, em algum estágio do processo de mudança e facilite a visualização do problema ou da solução, de modo a facilitar mudanças comportamentais úteis. Torne suas demonstrações tão concretas quanto possível — tangíveis, sensíveis e visíveis, com ênfase especial nesse último atributo (como em "Luvas"). Apresente o problema ou a solução de maneira emocionalmente envolvente, dramática, vívida e cativante ("O Avião", "Competição Mundial"). Recorra a apresentações ao vivo (P&R), a modelos ("General Mollo", "Azuis/Verdes"), a vídeos ("O Mercador do Medo", "Hipoteca da Casa"), a histórias ("O Corpo"), a ambientes físicos ("A Rua"), a resultados visíveis ("Nova Marinha", "O Senador"), a novas exigências ("Reequipando") e à eliminação de velhas exigências ("Meu Portal"). Dê ao espetáculo um reforço adicional, por meio de símbolos físicos que se veem todos os dias ("Galeria de Retratos"), de histórias recontadas e decantadas ("Sobrevivi"), ou de modelos exemplares ("Promovendo").

Sentir
As visualizações dramáticas e vívidas arrebatam a atenção e em seguida atenuam as emoções que solapam as mudanças necessárias — raiva, complacência, falso orgulho, pessimismo, confusão, pânico, cinismo. Ao mesmo tempo, acentuam as emoções que facilitam as mudanças referentes a alguma ideia válida — paixão, fé, confiança, orgulho legítimo, esperança (e medo, quando rapidamente se converte em emoção positiva).

Mudar
A ideia e a energia subjacentes mudam os comportamentos. As novas ações ajudam os grupos e organizações a movimentar-se com eficácia ao longo dos oito passos e a saltar para um futuro próspero.

Contudo, à medida que aumenta a velocidade da mudança, as abordagens e táticas aqui analisadas tornam-se cada vez mais relevantes. Alguém precisa compreendê-las e liderar sua implementação. Com a aceleração ainda maior do ritmo da mudança, apenas um ou dois líderes já não são suficientes. Mais pessoas devem compreender a necessidade de grandes saltos e saber como executá-los com sucesso. Do contrário, não haverá como promover a urgência com rapidez suficiente, formar equipes de orientação certas nos vários níveis da organização, ou difundir a visão com o máximo de amplitude e velocidade. Quanto mais vertiginosa a mudança, maior a necessidade de pessoas sensíveis à premência da mudança e capazes de promover as transformações necessárias.

CEOs, presidentes de divisão, e outros protagonistas no cenário organizacional ainda são fatores críticos de sucesso. As tentativas de contorná-los dificilmente dão certo e quaisquer iniciativas sem o apoio deles, exceto o aumento da urgência no passo 1, quase sempre terminam em frustração. Mas CEOs perfeitos nunca são suficientes, a não ser em organizações muito pequenas.

Hoje, em muitos setores mais antigos e mais protegidos, se 1% da força de trabalho compreender as ideias deste livro a organização provavelmente será capaz de mover-se com rapidez suficiente. Nos negócios de pequeno porte, com não mais do que 100 empregados, isso significa somente o CEO. Mas numa empresa enorme, com 50.000 pessoas, seriam necessários 500 agentes de mudança. É muito mais provável ver-se uma pequena empresa com um CEO voltado para a mudança do que uma grande empresa com 500 indivíduos propensos ao filoneísmo, razão pela qual as empresas pequenas são mais rápidas e mais ágeis.

Mas e quando se acelera a velocidade da mudança? O que fazer?

Em contextos turbulentos, a necessidade de mudança é constante. Suponha que seja preciso aumentar a urgência e reduzir a complacência, o medo e a raiva o tempo todo, em toda a organização. Imagine que seja indispensável contar com equipes de orientação dirigindo as iniciativas de mudança, o tempo todo, em toda a organização. Presuma a premência de desenvolver visões e estratégias para todas as mudanças, de divulgar grandes volumes de informação entre todos os participantes, de remover obstáculos o tempo todo, em toda a organização. Para se alcançar o sucesso nesses ambientes, quantas pessoas na empresa devem encarar a mudança como parte de suas atribuições? Quantas devem compreender a mudança suficientemente bem a fim de contribuir de maneira significativa nas

182 O Coração da Mudança

sucessivas ondas de novas linhas de produtos, fusões, reorganizações, e-world, reengenharia de processos, ou em quaisquer outros saltos expressivos? Quantas necessitam de um mínimo de capacidade, além das habilidades tradicionais de analisar-pensar-agir? Os números exatos decerto são discutíveis, mas sem dúvida são muito grandes. A maioria das organizações dispõe de menos da metade da quantidade de pessoas necessárias para empreender a mudança, e não são raras as que contam apenas com uma fração da massa crítica.

Imagine, por um momento, quatro empresas, cada uma com 5.000 empregados. Essas organizações atuam no mesmo setor e são semelhantes sob muitos aspectos, exceto quanto a um. Na primeira, quase todo o mundo vê o CEO como "O Líder da Mudança". O chefe também pensa assim e é a única pessoa que ao menos tenta empreender as iniciativas examinadas neste livro. Na segunda, algumas dezenas de gerentes são considerados os líderes da mudança. Esses homens e mulheres tentam percorrer os oito estágios do processo de mudança em suas áreas de atuação, por meio das táticas ver-sentir-mudar apresentadas nas histórias ao longo deste livro. Na terceira, algumas centenas de gerentes devem liderar a mudança em algum aspecto de seu trabalho. Cada um compreende a centralidade das emoções. Sua linguagem e comportamento são compatíveis com tais crenças. Dorothy promove a mudança no novo projeto de Crain, com a ajuda de Tad e Bill. A equipe de Jerry está à frente da transformação da visão no Grupo de Peças. John, Meri e Gunther atuam como agentes de mudança no escritório de Boise.

Suponha que na quarta e última organização, mais da metade da força de trabalho deva liderar a mudança em alguma área de atuação. Boa parte dessa "liderança" será modesta. É bem possível que ela se concentre em apenas um dos oito estágios. Mas, seja como for, é liderança da mudança. E também imagine que nessa quarta organização a maioria aceite o desafio. Numa organização com 5.000 pessoas, pelo menos 2.501 estão colaborando para lidar com a era da volatilidade. Num mundo que dá guinadas para a direita e para a esquerda a quase 300 quilômetros por hora, qual dessas quatro organizações tem maiores probabilidades de vencer?

Mas será que a disponibilidade de muitos agentes de mudança realmente contribui para enfrentar a volatilidade em tempos tur-

Vemos, sentimos e mudamos **183**

bulentos? Caso se raciocine sobre o trabalho em termos de grandes feitos hercúleos, é óbvio que não. Mas caso se pense sobre a tarefa liderar a mudança sob o ponto de vista de nortear ou energizar pessoas, por que não?

Por que uma pessoa de vendas de 24 anos não será capaz de tomar a iniciativa de trazer para a empresa informações sobre novas oportunidades ou ameaças e usar a informação de maneira criativa para montar uma apresentação que aumente o senso de urgência entre o chefe e seus pares? Por que será que um engenheiro de 28 anos não conseguiria ser membro eficaz de um grupo que oriente o desenvolvimento de uma nova linha de produtos? Por que será que uma assistente administrativa de 55 anos, enterrada no fundo da hierarquia, não se envolverá em discussões apaixonadas para transmitir a visão a seus pares? Será mesmo que quase todos não seriam capazes de atuar como protagonistas no planejamento e produção de vitórias a curto prazo, não importa se minúsculas ou maiúsculas? Será que, afinal, a química humana nos impede de lidar com as emoções de maneira competente? Acho que não.

Embora narradas muito sucintamente por gerentes de nível médio ou por executivos seniores, a maioria das histórias deste livro, se apresentadas na íntegra, como narrativas detalhadas de 30 páginas da coleção de casos da Harvard Business School, também revelariam personagens como a pessoa de vendas de 24 anos ou a assistente administrativa de 55 anos. Dificilmente alguma dessas pessoas se assemelharia a "líderes" no sentido tradicional. Mas todos ajudaram a liderar mudanças muito reais.

Precisamos de outras pessoas desse tipo, e nada impede que se as tenha em maior quantidade. Vimos isso ao longo de toda a história da humanidade. As necessidades da Segunda Guerra Mundial forçaram a burocracia militar a produzir miraculosamente um punhado de grandes líderes, centenas de bons líderes e dezenas de milhares de pessoas que desempenharam atos de liderança. Sob muitos aspectos, os desafios emergentes são maiores do que os da Segunda Guerra Mundial. Nossa resposta pode ser igualmente grandiosa.

ÍNDICE DAS HISTÓRIAS

Passo 1
Conseguindo a aprovação dos chefes, 16
O videoteipe do cliente zangado, 18
Quando crocodilos estão beliscando os seus
  calcanhares, 23
Luvas sobre a mesa de reuniões, 28
A galeria de retratos dos CEOs, 30

Passo 2
Azuis *versus* verdes, 38
A nova equipe diversificada, 43
O general Mollo e eu flutuávamos nas águas,
  50
Reuniões na Austrália, 54

Passo 3
Pintando imagens do futuro, 62
Custos *versus* serviços, 70
O avião não se movimentará, 73
Um corpo na sala, 77

Passo 4
Preparando-se para sessões de P&R, 84
Meu portal, 89
Arrasando o andar dos executivos, 91
O protetor de tela, 94

Passo 5
Reequipando o chefe, 102
Competição mundial, 106
Sobrevivi; logo, você também consegue, 110
Fazendo filmes no chão de fábrica, 115
Harold e Lidia, 119

Passo 6
A lista no quadro de avisos, 126
Criando a nova Marinha, 128
O senador era dono de uma empresa de
  caminhões, 133
Oba-oba, 135

Passo 7
Índices P/L, 142
O mercador do medo, 145
Resumindo 25 páginas em 2, 150
A rua, 153

Passo 8
O chefe foi para a Suíça, 160
O caminho para o paciente, 164
Promovendo a mulher de trinta e poucos, 169
A hipoteca da casa, 171

186   O Coração da Mudança

Lista em ordem alfabética

A Galeria de Retratos dos CEOs, 30
A hipoteca da casa, 171
A lista no quadro de avisos, 126
A nova equipe diversificada, 43
A rua, 153
Arrasando o andar dos executivos, 91
Azuis *versus* verdes, 38
Competição mundial, 106
Conseguindo a aprovação dos chefes, 16
Criando a nova Marinha, 128
Custos *versus* serviços, 70
Fazendo filmes no chão de fábrica, 115
Harold e Lidia, 119
Índices P/L, 142
Luvas sobre a mesa de reuniões, 28
Meu portal, 89
O avião não se movimentará, 73
O caminho para o paciente, 164

O chefe foi para a Suíça, 160
O general Mollo e eu flutuávamos nas águas, 50
O mercador do medo, 145
O protetor de tela, 94
O senador era dono de uma empresa de
    caminhões, 133
O videoteipe do cliente zangado, 18
Oba-oba, 135
Pintando imagens do futuro, 62
Preparando-se para sessões de P&R, 84
Promovendo a mulher de trinta e poucos, 169
Quando crocodilos estão beliscando os seus
    calcanhares, 23
Resumindo 25 páginas em 2, 150
Reequipando o chefe, 102
Reuniões na Austrália, 54
Sobrevivi; logo, você também consegue, 110
Um corpo na sala, 77

Conheça outros livros da Alta Books

De Geração para Geração

Imunidade à Mudança

Integração de Idéias

Design de Negócios

Inteligência Financeira na Empresa

Conduza a Sua Carreira

Big Data no Trabalho

GESTÃO ESTRATÉGICA DE PESSOAS COM "SCORECARD"

LIDERANDO MUDANÇAS

MAPAS ESTRATÉGICOS

Rua Álvaro Seixas, 165
Engenho Novo - Rio de Janeiro
Tels.: (21) 2201-2089 / 8898
E-mail: rotaplanrio@gmail.com